W0380322

Widmung

Heike Holz

GLÜCKLICH SEIN VERLEIHT FLÜGEL

menani

GLÜCKLICH SEIN ..VERLEIHT FLÜGEL

Copyright © 2016 Heike Holz
Bibliografische Information der Deutschen Nationalbibliothek
Die Deutsche Nationalbibliothek verzeichnet diese Publikation in der Deutschen Nationalbibliografie; detaillierte bibliografische Daten sind im Internet über dnb.d-nb.de abrufbar.

menani
Publishing & Sales International
menani GmbH
Eichbergstraße 13 • D-86935 Rott am Lech
Tel. +49 8869 911 83-0 • Fax +49 8869 911 83-18
info@menani.com • www.menani.com

Autor: Heike Holz
Lektorat: René Sputh
Bilder: istockphoto.com:
ansonmiao (S. 10), weerapatkiatdumrong (S. 16), George Clerk (S. 22), princigalli (S. 30), Todor Tsvetkov (S. 40), kapulya (S. 44), nyul (S. 48), olegkalina (S. 62), Portugal2004 (S. 68), CollinsChin (S. 72), Aldo Murillo (S. 84), kupicoo (S. 94), DeanDrobot (S. 98), 4FR (S. 102), Redrockschool (S. 106), roman023 (S. 118), daizuoxin (S. 122), Imgorthand (S. 126), urfinguss (S. 130), AJ_Watt (S. 134), Geber86 (S. 140), vicnt (S. 146), ArthurHidden (S. 150), kaspiic (S. 154), pashabo (S. 162), masta4650 (S. 167), Mimadeo (S. 176), da-kuk (S. 176), zoranm (S.176), swissmediavision (S. 176)

Layout & Satz: Applevillage Werbeagentur, D. Höfler, www.applevillage.de
Druck: Kösel Krugzell, Printed in Germany

3. Auflage, ISBN 978-3-941633-47-6

Autorin

Heike Holz ist Expertin für Persönlichkeit, körperlich-seelische Gesundheit und Lebenserfolg. Ihre Philosophie einer ganzheitlichen, gesunden Persönlichkeitsentwicklung steht im Zentrum der von ihr entwickelten „KNIPS DEIN LICHT AN"-Methode.

Professionell überzeugt Heike Holz die Teilnehmer in ihren Vorträgen, Seminaren und Einzelcoachings mit ihrem großen Gespür für Menschen und ihrer unvoreingenommenen Art. Anschaulich und unterhaltsam vermittelt sie, wie man mit Achtsamkeit und selbstbewusster Ausstrahlung den Kern der eigenen Persönlichkeit entfalten und so den individuellen Lebensweg leichter gehen kann.

Heike Holz ist Dozentin an der DGUV Hochschule und Erfolgsautorin der Bücher „GLÜCKLICH SEIN VERLEIHT FLÜGEL" und „KLEINE SCHRITTE – GROSSE VERÄNDERUNG".

In ihrem Institut für ganzheitliche Heilweisen zeigt sie ihren Klienten klare Wege für körperlich-seelisches Wohlbefinden und tieferfüllte Lebensfreude auf. Ihre Podcast-Reihe „Charisma & Persönlichkeit" sowie ihr eigener YouTube-Kanal erfreuen sich bei zahlreichen Hörern und Abonnenten großer Beliebtheit.

Entdecken Sie auch das Buch
KLEINE SCHRITTE GROSSE VERÄNDERUNG
aus dieser Buchreihe

Spaziergang in der Zukunft

Ein bewegtes Leben

Ich wünsche mir...

Wichtige Freunde

Mit dem Partner auf Wolke 7

Motivieren Sie sich selbst

Wer ist mir wichtig und tut mir gut?

Was will ich wirklich?

Ich muss mal...

Schüren Sie das Feuer der Leidenschaft

Die Kröte schlucken

Alles kommt zurück

Drehen Sie's um!

Streichen Sie das Wörtchen „aber"

Krisen als Chance

Wie gross ist Ihre Willenskraft?

Spüren Sie Ihre Gefühle – auch negative!

Wie fühlt sich Glück an?

Stimmungen aktiv beeinflussen

Werden Sie zum Wie-Denker

Die motivierende Kraft der Anerkennung

Packen Sie's an!

Raus aus dem Alltagstrott

Einfach mal wundern

Die Kunst des Feedbacks

Vorwort

Mit diesem Buch halten Sie ein Buch-Seminar mit 50 Tipps in der Hand, mit dem Sie alte Gewohnheiten und Denkmuster überprüfen und verändern können. Das bedeutet, dass Sie die Seiten nicht einfach nur lesen sollten, sondern auch tatsächlich die Übungen als Anregung verstehen, mit vermeintlich kleinen Schritten große Veränderungen zu erreichen.

Innerhalb dieser 50 Tipps verändern Sie Schritt für Schritt den Umgang mit sich selbst und mit den anderen. Natürlich könnten Sie das Buch auch wie jedes andere in einem Rutsch von vorne bis hinten durchlesen. Dann werden Sie zum Schluss vielleicht sagen: „Interessant – na ja, einiges kannte ich ja schon." Doch tatsächlich ändern wird sich dadurch wenig bis überhaupt nichts.

Veränderungen sind in meinen Augen am besten in kleinen, übersichtlichen Schritten möglich. Ihr Körper, Ihr Geist, Ihr ganzes System müssen sich zuerst an das Neue, an das Unbekannte gewöhnen. Dazu brauchen Sie einige Tage, bis sich neue Handlungen oder Denkweisen eingespielt haben. Dann gehen Sie zum nächsten Thema, zum darauffolgenden Tipp.

Sie selbst bestimmen das Tempo, mit dem Sie vorgehen. Mein Vorschlag ist, wöchentlich, also sich beispielsweise jeden Sonntag mit einem Thema zu beschäftigen. Das beste Ergebnis erzielen Sie, wenn Sie sich mit einem Stift Notizen machen. Hierzu liegt diesem Buch ein separates Arbeitsheft bei, welches Sie auch beim Verlag nachbestellen können. Wenn Sie das Buch nach einiger Zeit wieder zur Hand nehmen und sich erneut Ihre dann aktuellen Gedanken in dem neuen Heft notieren, lassen Sie sich überraschen, wie deutlich sich Ihre persönliche Veränderung und Entwicklung zeigt.

Wir gehen oft mit Vorbehalten und inneren Widerständen an Veränderungen ran. Nach dem Motto: „Das geht ja sowieso nicht – das habe ich schon mal probiert – wenn das so einfach wäre" und ähnlichen Ausreden flüchten wir vor dem Neuen. Hier gilt es natürlich, diesen inneren Schweinehund, also die Widerstände, zu überwinden und es einfach mal auszuprobieren.

Wichtig ist auch, nicht gleich aufzugeben, weil etwas nicht sofort funktioniert. Geben Sie sich mindestens 10 Tage, damit sich Ihr Gehirn und Ihr Körper an das Neue gewöhnen können. Wenn eine veränderte Sicht- oder Verhaltensweise in sechs von zehn Fällen den gewünschten Erfolg hat, bleiben Sie konsequent dabei. Im Leben gibt es keine 100 Prozent. Sie werden mit einer Methode nicht immer punkten und Erfolg haben – es gibt ja auch kein Medikament, welches gegen jede Krankheit wirkt.

Gehen Sie mit kindlicher Neugier an die einzelnen Tipps und Tricks, wie Sie durch kleine Veränderungen direkt spüren, dass manches in Ihrem Leben leichter wird, wie der Umgang mit anderen positiver wird und Sie glücklicher und zufriedener mit sich und der Umwelt werden.

Lesen Sie nicht nur mit Ihrem Kopf, sondern auch mit Ihrem Herzen. Der Verstand darf sogar auch mitunter *stumm geschaltet* werden, da er natürlich immer Gründe finden wird, warum etwas *nicht* geht. Das Ego will am liebsten alles beim Alten belassen. Tricksen Sie Ihr Ego aus, indem Sie sich regelrecht in die Gedanken und Anregungen hineinfühlen und dann einfach ins Handeln und Ausprobieren kommen.

Im Sinne der leichteren Lesbarkeit und meiner Auffassung, dass die doppelte Schreibweise der echten Emanzipation eher schadet, wird hier die klassische männliche Formulierung benutzt, auch wenn selbstverständlich immer Männer wie Frauen gleichberechtigt angesprochen werden.

Jede Reise beginnt mit dem ersten Schritt! „Knipsen Sie Ihr Licht an" - Lesen Sie einfach los, beginnen Sie mit dem ersten Tipp und erleben Sie, wie Sie offen mit Veränderungen umgehen können und dadurch mit Leichtigkeit auch das große Ziel erreichen können, wie es mit sich selbst und den anderen einfach besser geht.

Ihre Heike Holz

Schluss mit Vergleichen

Kennen Sie auch Menschen, die sich immerzu mit anderen vergleichen, anstatt sich auf Ihren eigenen Wert und die eigenen Stärken zu konzentrieren?

Sehr gerne wird verglichen, wer beruflich erfolgreicher ist oder den tolleren, aufregenderen Urlaub gebucht hat. Wer hat das interessantere Hobby, wer die bessere Figur, wer die schöneren Haare, wer das schnellere Auto, wer die schönere Wohnung und wer den grüneren Rasen? Kurzum: Spieglein, Spieglein an der Wand, wer ist die Schönste im ganzen Land?

Sie wissen sicherlich, wie es endet, wenn jemand plötzlich schöner ist: Da werden aus lauter Groll Äpfel vergiftet und Kämme präpariert, um diese Person aus dem Weg zu schaffen. Wenn wir uns immer mit anderen vergleichen, führt das zu Unzufriedenheit, weil wir meistens das sehen, was beim anderen irgendwie besser läuft als bei uns. Sie kennen bestimmt den Spruch: Des Nachbars Garten ist immer grüner.

Durch das Vergleichen laufen wir Gefahr, uns mehr mit dem zu beschäftigen, was wir nicht haben oder zu wenig haben, anstatt den Blick darauf zu richten, was wir haben. Tatsächlich sind wir viel glücklicher und zufriedener, wenn wir unsere Aufmerksamkeit darauf lenken, was wir haben, wenn wir nicht alles für selbstverständlich nehmen und wir es auch zu würdigen wissen, was wir haben.

Fazit: Wer weniger vergleicht, ist glücklicher! Konzentrieren Sie sich einmal ganz bewusst auf Ihre Stärken und beobachten Sie, wie Sie dabei immer mehr zu sich und Ihren eigenen Werten finden.

„Das Vergleichen ist das Ende des Glücks und der Anfang der Unzufriedenheit."

(Sören Kierkegaard)

Raus aus dem Schubladendenken

Haben Sie auch schon einmal bemerkt, dass wir in vielen Routinen und Wahrnehmungsmustern feststecken? Wir frühstücken jeden morgen mit dem scheinbar selben Menschen und meinen ihn ganz genau zu kennen. Wir arbeiten schon sooo lange mit ein und denselben Kollegen und meinen genau zu wissen, wie sie arbeiten – oder vielleicht auch nicht.

Je mehr wir in solchen Denkmustern, in solchen festen Erwartungen und Annahmen feststecken, desto weniger nehmen wir wahr, dass sich dieser Mensch auch entwickelt und verändert.

Wenn wir Veränderungen kaum wahrnehmen, wir diese Personen immer in dieselben Schubladen stecken, ihnen immer wieder denselben Stempel auf die Stirn drücken, dann leidet die Qualität der Beziehung darunter, man fühlt sich weniger wahrgenommen. Das brachte George Bernard Shaw so schön auf den Punkt, indem er sagte: „Der einzige Mensch, der sich vernünftig benimmt, ist mein Schneider. Er nimmt jedesmal neu Maß, wenn er mich trifft, während alle anderen immer die alten Maßstäbe anlegen in der Meinung, sie paßten auch heute noch."

Im schlimmsten Fall hat man sich irgendwann gar nichts mehr zu sagen, denn man weiß doch *alles* voneinander. Spätestens dann ist die Beziehung nur noch so etwas wie eine leere Hülle.

Mein Tipp: Betrachten Sie die Menschen, die Sie schon gut zu kennen meinen, diese Woche mal mit den Augen einer anderen Person. Tun Sie einmal so, als ob Sie diese Person heute das allererste Mal sehen, als ob Sie diesen Menschen gerade erst kennen lernen.

Studieren Sie einmal ganz genau die Gesichtszüge, die Bewegungen, die Mimik, die Haltung, die Kommunikation. Entdecken Sie in dieser Woche möglichst viele Details, die Ihnen in den letzten Monaten, Jahren, Jahrzehnten vielleicht gar nicht mehr so aufgefallen sind, oder die ihnen vielleicht noch nie aufgefallen sind.

Öffnen Sie Ihre Augen und Ohren, schauen und hören Sie ganz genau hin. Nehmen Sie dabei eine wohlwollende Grundhaltung der Person gegenüber ein und seien Sie neugierig.

Ich bin mir sicher, Sie werden einige interessante Entdeckungen machen, denn kein Mensch ist heute exakt derselbe wie gestern.

Unsere Erfahrungen, unsere Erlebnisse, unsere Gedanken, unsere Taten, unsere Umgebung, unsere Mitmenschen – all das prägt und verändert uns Tag für Tag ein klein wenig.

*„Wir nehmen wahr,
was wir erwarten wahrzunehmen."*

(Quelle unbekannt)

Seien Sie gespannt

Welche Haltung steckt dahinter, wenn Sie „Oh je" sagen beziehungsweise denken oder stattdessen „Aha"? Ganz einfach: Beim „Aha" entwickelt sich automatisch die Neugier. Wir können den Ereignissen in unserem Leben unterschiedlich begegnen und sie unterschiedlich bewerten. Wir haben immer die Wahl zwischen dem bestürzten „Oh je" oder dem neugierigen „Aha".

Der Ausdruck der Neugier bedeutet, sich wundern zu können, immer wieder spannende Entdeckungen zu machen, offen zu sein für das Unbekannte und Ungewohnte. Neugier gibt uns die Chance zu lernen und uns weiterzuentwickeln.

Da wir meistens eher Angst oder Unwohlsein empfinden, wenn wir unerwarteten Situationen oder Ereignissen begegnen, und uns eher nach Sicherheit sehnen und danach streben, lieber alles beim Alten zu belassen, entgeht uns leider so manche Vielfalt, so manche Möglichkeit, aus der wir etwas machen könnten.

Nehmen wir mal ein Beispiel: Sie kommen ins Büro und erfahren, dass die Büros neu organisiert werden und Sie einen neuen Arbeitsplatz mit neuen Kollegen bekommen werden. Nun gibt es mindestens zwei Möglichkeiten, wie Sie hier reagieren können: „Oh je, das wird sicherlich schwierig. Ich kenne die ja alle gar nicht. Und dann habe ich nicht einmal mehr die schöne Aussicht auf den Baum draußen vor meinem Fenster, den liebe ich doch so. Ach nee, ich will das nicht… Ich werde mich beschweren, ich mache das nicht mit."

Oder: „Aha, na da bin ich mal gespannt, wie die neuen Kollegen so sind und wie ich es mir an meinem neuen Platz so richtig schön machen kann."

Begrüßen Sie Neues in Ihrem Leben mit dem positiven „Aha, ich bin gespannt", seien Sie neugierig und entdecken Sie die neuen Möglichkeiten.

„Wer sich nicht mehr wundern kann,
ist seelisch bereits tot."

(Albert Einstein)

Immer - Alle - Keiner - Nie

Immer... Alle... Keiner... Nie – das sind Verallgemeinerungen und Generalisierungen, denen wir auf die Schliche kommen wollen. Hören Sie einmal genau hin, was andere so reden und achten Sie auch auf Ihre eigenen inneren Stimmen und Gedanken.

Diese kleinen, aber sehr entscheidenden Worte in Bezug auf die Empfindungen des Empfängers sind Verallgemeinerungen, die selten der Wahrheit entsprechen.

Gleichzeitig erzeugen sie eine negative Empfindung, weil wir das Gefühl haben, dass es gar nicht anders sein kann als *immer, alle, nie*. Dann entsteht durch diese Worte auch schnell der ein oder andere große oder kleine Konflikt: „Du schreibst *nie* das Protokoll", oder „Nach 19 Uhr will *kein* Kunde mehr von mir angerufen werden – die wollen *alle* ihre Ruhe" oder „Du kommst *immer* zu spät" oder „Du kochst *nie* Kaffee nach, wenn er leer ist". Kennen Sie das? Und wie hört sich das so an?

In solchen Äußerungen steckt jede Menge Konfliktpotential. Das können wir vermeiden, wenn wir nicht verallgemeinern, sondern die Situation differenziert betrachten: „Du kommst oft zu spät" oder „In dieser Woche kamst du zwei Mal zu spät" oder „Manche Kunden fühlen sich durch meinen Anruf nach 19 Uhr gestört" oder „Du kochst selten Kaffee nach, wenn er leer ist".

Auch in unseren inneren Dialogen verallgemeinern wir gerne und können uns von einer inneren Stimme, die sagt „Ich stelle mich aber auch immer so blöd an" so richtig demotivieren und klein machen lassen. Anders hört es sich an, wenn Sie sagen: „Ich stelle mich manchmal ein bisschen blöd an" und noch besser: „Das kann ich doch auch besser".

Wenn Sie jetzt diese gemeinen kleinen Worte wie *immer, alle, jeder, keiner, nie* usw. hören, dann hinterfragen Sie einfach ganz gezielt folgendermaßen:

„Wirklich alle? Ohne Ausnahme? Kein einziger? Wirklich nie? Wirklich immer? – Dann wird Ihr Gesprächspartner wahrscheinlich schon etwas differenzierter in seiner Aussage werden. Damit scheint es dann auch *anders* sein zu können und es tun sich neue Möglichkeiten auf.

Jedes Wort, jede Formulierung erzeugt Wirkung. Achten Sie im Gespräch mit anderen und natürlich auch mit sich selbst darauf, Worte und Formulierungen ganz bewusst einzusetzen, um eine möglichst positive und klare Wirkung mit Ihrer Sprache zu erzeugen.

„Die Sprache ist die Quelle aller Missverständnisse."

(Antoine de Saint-Exupéry)

Schlüpfen Sie in eine andere Rolle

Wir stecken manchmal fest in einer unangenehmen Situation, oder wir sind im negativen Stress und wissen gar nicht, was wir zuerst tun sollen. Oder wir drehen uns in einem Konfliktgespräch im Kreis. Oder wir haben einen wichtigen Termin, vielleicht eine Verhandlung oder eine wichtige Präsentation, sind zuvor aufgeregt oder unsicher.

Es gibt genügend Situationen in unserem Leben, in denen wir uns manchmal einen Superhelden wünschen, der uns rettet oder uns mit seinen Superkräften den Rücken stärkt. Was uns in schwierigen Situationen oft fehlt, ist der Abstand: vor allem der emotionale Abstand. Eine gesunde Distanz, bestenfalls die Vogelperspektive, die uns einen besseren Überblick schenkt, sodass wir dann wieder erkennen können, wo der Ausgang ist und wo unsere Ressourcen liegen.

Genau diesen Abstand erreichen wir, wenn wir die Rolle tauschen. Wie geht das? Ganz einfach: Stellen Sie sich in solch einer Situation einmal vor, ein Freund oder eine Freundin von Ihnen wäre genau in dieser Situation, in der Sie gerade sind.

Was würden Sie ihr oder ihm dann raten? Welche Tipps hätten Sie? Was würden Sie empfehlen?

Sobald Sie ein paar Antworten auf die Fragen gefunden haben, wenden Sie diese Tipps doch einfach mal selbst an und beobachten Sie, welche Auswirkungen diese haben.

Und übrigens - diesen Superhelden, den gibt es wirklich! Wenn Sie sich in einer unangenehmen Situation befinden, überlegen Sie, ob Sie jemanden kennen, der diese Situation absolut souverän meistern würde, der damit ganz leicht fertig werden würde, vielleicht leichter als Sie, dann fragen Sie sich, was dieser Superheld in dieser Situation wohl tun würde. Und dann – machen Sie es einfach nach!

„Kein Problem wird gelöst, wenn wir träge darauf warten, dass Gott sich darum kümmert."

(Martin Luther King)

Gefangen in Glaubenssätzen?

Was glauben Sie? Menschen sind grundsätzlich gut – daher gehe ich positiv, offen und vertrauensvoll auf andere Menschen zu. Oder eher: Die Menschen sind falsch, hinterlistig und egoistisch – daher gehe ich sehr vorsichtig und verschlossen auf fremde Menschen zu und schenke ihnen erst einmal kein Vertrauen.

Was auch immer wir glauben, es prägt unser Verhalten und unseren Umgang mit anderen Menschen. Nun mag das oben genannte Beispiel etwas extrem sein, doch wir glauben auch viele kleine Dinge, die unseren Alltag prägen. Wir sprechen hier von Glaubenssätzen.

Die wenigsten Menschen machen sich tatsächlich bewusst, was sie glauben, und noch viel weniger machen sie sich darüber Gedanken, welche Auswirkungen diese Glaubenssätze haben und ob sie das tatsächlich glauben wollen – also ob ein Glaubenssatz nützlich für das Leben ist, was man leben möchte.

Unsere Glaubenssätze werden uns schon in unserer Kindheit mitgegeben und entwickeln sich durch unsere eigenen Erfahrungen, die wir machen, immer wieder weiter, oder es kommen neue Glaubenssätze durch die Erfahrungen hinzu. Wenn wir dann wieder eine Erfahrung machen, die unseren Glauben bestätigt, wird dieses Vorurteil noch mehr gefestigt und irgendwann haben wir die Überzeugung gewonnen, dass es nur noch so sein kann und gar nicht anders. Wir halten unseren Glaubenssatz für die unumstößliche Wahrheit.

Seien Sie einmal besonders achtsam und kommen Sie Ihren Glaubenssätzen auf die Schliche. Wovon sind Sie felsenfest überzeugt? Könnte es zu Ihrem Glauben eventuell auch eine gegenteilige Auffassung geben? Und wenn ja, wie würden Sie sich verhalten, wie würde es Ihnen gehen, wenn Sie diese andere Auffassung hätten? Würde das Ihr Leben leichter machen oder eher schwerer? Wie würden andere darauf reagieren, wenn Sie etwas anderes glauben würden?

Bilden Sie zu vielen Ihrer Thesen, die Sie über das Leben, über sich und über andere haben, so oft es geht eine Antithese und prüfen Sie, ob diese vielleicht auch stimmen könnte und welche Auswirkungen diese dann hätte.

„Wir sehen die Dinge nicht, wie sie sind,
wir sehen sie so, wie wir sind."

(Anaïs Nin)

Heissen Sie Ihre Ängste willkommen!

Das klingt richtig komisch, oder? – Es kommt darauf an, wie Sie Ihre Ängste betrachten, was Sie aus ihnen machen und von welchem Blickwinkel aus Sie sie sehen. Die Angst gehört ebenso wie Trauer, Freude, Liebe, Hass, Wut, Ekel und Scham zu den Grundgefühlen der Menschen.

Angst ist ein sinnvoller Effekt, der uns vor Gefahren warnt und bei angemessener Reaktion darauf, wie zum Beispiel Flucht, vor schlimmen Folgen schützt. Oder wenn Sie Angst haben, im Fluss mit den Krokodilen zu baden, sollten Sie durchaus auch auf Ihre Angst hören. Doch diese Ängste kommen in unserem Alltag doch eher selten vor.

Viele Ängste, die wir empfinden, wie Prüfungsängste oder Lampenfieber, sind angemessen, solange sie uns motivieren und auf Hochtouren bringen, um die angsterzeugende Situation zu meistern. Das genau ist das Gute an der Angst. Sie treibt uns an und bereitet uns auf die bevorstehende Situation vor. Eine angemessene Prüfungsangst motiviert uns, anständig zu lernen. Stellen wir uns unserer Angst, dann entwickeln wir uns weiter, wir lernen dazu und wir überwinden unsere Grenzen.

Wenn wir der Angst in einer bestimmten Situation jedoch ausweichen, bekommen wir sogar eher noch mehr Angst, und auch in ähnlichen Situationen reagieren wir ängstlicher. So lernen wir nicht von den Herausforderungen des Lebens und entwickeln uns nicht weiter.

Die Ängste, die uns meistens beschäftigen, sind zu einem Großteil erlernt und hängen oft mit traumatischen Erfahrungen in der Vergangenheit, meist in der Kindheit und Jugend, zusammen. Angst entsteht entweder, weil uns das Urvertrauen oder positive Vorerfahrungen fehlen, die uns die Sicherheit geben, dass es gut geht, oder weil wir schlechte Erfahrungen gemacht haben und befürchten, dass das jetzt wieder passiert.

Die Ängste, die unser Leben heute am ehesten beeinflussen, sind Ängste vor dem Versagen, vor Ablehnung und Kritik sowie vor Verlust. Wir reagieren auf diese Ängste mit Perfektionismus, um zu vermeiden, dass wir versagen oder dass uns jemand kritisiert. Auch hängen wir oft unser Fähnchen schön brav in den Wind, verhalten uns den Erwartungen der anderen entsprechend und werden zum Ja-Sager, um zu vermeiden, abgelehnt zu werden.

Oder wir versuchen mit aller Macht, alles und jeden festzuhalten, anzubinden und abzusichern, um auf jeden Fall einen Verlust zu verhindern.

Nehmen Sie Ihre Ängste mal ganz kritisch unter die Lupe und entdecken Sie, welche Chancen Ihnen diese Ängste für Ihre Weiterentwicklung bieten.

„Furcht besiegt mehr Menschen,
als irgendetwas anderes auf der Welt."

(Ralph Waldo Emerson)

Finden Sie Ihre innere Mitte

Sie kennen Situationen, in denen Ihre „Betriebstemperatur" steigt, der Blutdruck noch dazu, in denen Sie unter Druck geraten, sich gestresst fühlen. Situationen, in denen Sie Ihre innere Mitte verlieren und manchmal auch ein bisschen den Verstand.

Mit diesen vier ganz einfachen Schritten können Sie sich ganz leicht zentrieren:

1. Machen Sie langsam: Sagen Sie sich innerlich erst einmal „Moment – schön langsam".

2. Pause: Halten Sie inne, drücken Sie die Pause-Taste, halten Sie den Film einfach mal an.

3. Atmen Sie tief durch: Richten Sie Ihre Aufmerksamkeit auf Ihre Atmung. Ihre Atmung ist vollkommen real und gegenwärtig und hilft Ihnen, Abstand zur Situation zu gewinnen.

4. Zentrieren Sie sich: Konzentrieren Sie sich auf Ihre körperliche und geistige Mitte.

Nach diesen vier Schritten tun Sie ganz bewusst das, was Sie brauchen, um die Situation gut zu meistern. Bleiben Sie dabei mit Ihrer Aufmerksamkeit bei Ihrem inneren Zentrum, Ihrer inneren Mitte. Bleiben Sie ganz bei sich. Und sollten Sie Ihre innere Mitte wieder verlieren, dann gehen Sie noch einmal die vier Schritte durch.

„Zuerst die innere Haltung, dann die äußere Form! Es ist wie beim Malen, wo man die weißen Lichter zuletzt aufsetzt."

(Konfuzius)

Stillstand heißt Rückschritt

Untersuchungen haben gezeigt, dass Menschen, die Fortschritte bei ihrer Arbeit erzielen, besonders motiviert sind. Es ist einfach ein wunderbares Gefühl, voranzukommen, Probleme oder Aufgaben zu lösen, dabei vielleicht auch noch Unterstützung zu erfahren und schließlich ein Ergebnis zu sehen.

Der Fortschritt bei seinen Projekten motiviert sogar mehr als die vielgepriesene Anerkennung, die man sich von seinen Führungskräften erhofft. Das bedeutet, dass Führungskräfte die Motivation ihrer Mitarbeiter unterstützen können, indem sie ihnen Hindernisse aus dem Weg räumen und sie optimal unterstützen.

Gleichzeitig sollten Führungskräfte dafür sorgen, dass die vereinbarten Ziele realistisch sind und sie sollten die Mitarbeiter auch immer wieder auf den Fortschritt aufmerksam machen. Vor lauter Arbeit sehen wir manchmal gar nicht mehr, wie viel wir schon erreicht haben.

Schauen Sie einmal ganz genau hin, wo es überall voran geht. Achten Sie dabei auf Ihre persönlichen Fortschritte und auf die in Ihrem Umfeld, Ihrer Kinder, Ihres Partners, Ihrer Mitarbeiter. Nehmen Sie auch den kleinsten Fortschritt wahr.

Was ist denn heute schon etwas besser als letzte Woche? Wo sind Sie einer Lösung schon ein kleines bisschen näher gekommen? Welche ersten kleinen Erfolge können Sie heute registrieren? Welche Dinge konnten Sie vielleicht schon abhaken?

„Sei Du selbst die Veränderung,
die du dir wünschst für diese Welt.“

(Mahatma Gandhi)

Das ist ja interessant...

Haben Sie das auch schon einmal erlebt, dass Sie etwas gesagt oder getan haben, und ein anderer sagt dann zu Ihnen: „Das ist falsch“, oder: „Das hast du falsch gemacht“ oder „Nein, das kannst du so überhaupt nicht sehen, du siehst das ja völlig falsch“.

Wie fühlt sich das an? Nicht so richtig klasse, oder? Wir fühlen uns abgewertet, durch den anderen nicht richtig wertgeschätzt und ernst genommen. Es ist nicht besonders motivierend und für die Beziehung zu dieser Person auch nicht gerade förderlich.

Wie oft beurteilen wir Menschen und ihre Denk- und Verhaltensweise als *falsch*? Falsch – aus unserer Sicht der Welt! Wir sprechen von falschen Ansichten, falschen Ergebnissen, falschen Informationen, falschen Überzeugungen und und und.

Wenn unsere eigenen Denk- und Verhaltensweisen als falsch beurteilt werden, erleben wir manchmal vielleicht so etwas wie Enttäuschung oder sogar Wut. Wir denken: Wie kann der das wissen – meine Überzeugung ist völlig richtig und logisch, bei mir ist gar nichts falsch, bei meinem Gegenüber ist alles falsch.

Achten Sie einmal darauf, wann Sie etwas als falsch beurteilen wollen. Und anstatt dann zu sagen: „Das ist falsch", versuchen Sie einmal etwas anderes. Sagen Sie stattdessen einmal: „Das ist interessant..." oder „Wie kommen Sie darauf?" oder „Wie sind Sie da vorgegangen?"

Vielleicht haben Sie jetzt schon eine Vorstellung darüber, wie sich die Beziehung, die Kommunikation, die Zusammenarbeit mit diesem Menschen verändern könnte. Vielleicht erahnen Sie auch, dass mit dieser Frage Ihnen auch die Möglichkeit gegeben wird, tatsächlich neue Sicht- und Denkweisen kennen zu lernen, die Sie möglicherweise sehr bereichern und Ihren Horizont erweitern. Und vermutlich können Sie sich vorstellen, dass auf diese Weise etwas völlig Neues entsteht, sich ein kreativer Denkprozess entwickeln und gegenseitiges Verständnis entfalten kann.

Mein Tipp: Wann immer Sie eine Denk- oder Verhaltensweise als „falsch" abstempeln wollen, halten Sie kurz inne und sagen: „Interessant – wie kommen Sie darauf?" Beobachten Sie, was sich dadurch verändert.

„Niemand urteilt schärfer als der Ungebildete, er kennt weder Gründe noch Gegengründe."

(Anselm Feuerbach)

Lachen Sie sich fit und gesund!

Stellen Sie sich vor, Sie leiden immer häufiger unter starken Schmerzen und suchen einen Arzt auf. Dort erfahren Sie, dass sich diese Schmerzen ständig verschlimmern werden und Sie außerdem unheilbar krank sind. Genau das teilte man Norman Cousins in den 70er Jahren mit. Er wusste bereits, dass negative Gefühle den Organismus schwächen, und fragte sich, ob im Umkehrschluss positive Emotionen das Immunsystem stärken.

Nun schaute er sich stundenlang komische Filme an, las lustige Bücher und ließ sich von Freunden besuchen, die ihm Witze erzählen „mussten". Seine These bewahrheitete sich: Schon zehn Minuten herzhaftes, intensives Lachen erlaubten ihm, rund zwei Stunden zu schlafen, weil dann die Schmerzen erträglicher wurden und sich die sonst verkrampften Muskeln entspannten.

Cousins überlebte. Inzwischen wissen wir, dass Geisteszustand, Gedanken und Gefühle eine bedeutsame Rolle bei der Gesundung spielen. Lachen reduziert die typischen

Stressreaktionen und führt zu erhöhter Produktion von Heilstoffen im Körper.

Steigern Sie Ihren Humor und nutzen Sie für sich die Vorteile beim Lachen:

- Lachen entspricht einem körperlichen „Workout“: Eine längere Witz- oder Kabarettrunde ist vergleichbar mit einem halbstündigen Walking!

- Da die alte Luft in der Lunge beim Lachen völlig abgelassen wird, entspricht das tiefe Bauchlachen auch einem Entgiftungsprozess.

- Das Atemvolumen vergrößert sich um das drei bis vierfache, dabei wird dem System mehr Sauerstoff zugeführt. Davon profitiert Ihr Gehirn und Sie verbrennen mehr Fett.

- Die ausgeschütteten Hormone stabilisieren Ihre Gesundheit und reduzieren Stress.

- Menschen mit Humor können leichter Kontakte knüpfen und wirken sympathischer als miesepetrige oder besonders ernste Menschen.

- Sie sind wesentlich leistungsfähiger, wenn es darum geht, auch über längere Zeiträume unter Zeitdruck zu arbeiten.

- Humorvolle Menschen sind kreativer und können unter Stress schneller denken, als Leute, die beleidigt, verletzt oder verärgert sind.

- Sie distanzieren sich auch schneller von Dingen, die Stress auslösen, und können sich erheblich schneller wieder abreagieren.

- Außerdem wirken Sie mutiger, sich den Herausforderungen des Alltags zu stellen, da Sie weniger fixiert auf spezielle Erwartungen sind. Deshalb können Sie auch nicht so leicht enttäuscht werden und entdecken auch schneller die positive Seite einer Sache.

„Humor ist keine Gabe des Geistes, er ist eine Gabe des Herzens."

(Ludwig Börne)

Was tut mir gut?

Wie oft erleben Sie Situationen, in denen Sie sich unter Druck fühlen, gehetzt, oder Sie fühlen sich leer gepumpt, innerlich wie ausgelaugt? Oder Sie sind vielleicht einfach genervt von anderen Menschen, Sie sind angespannt, tun irgendetwas, wozu Sie eigentlich gar keine Lust haben, fühlen sich fremdgesteuert. Sie erleben vielleicht eine Leere, einen Mangel an etwas, das Sie womöglich gar nicht klar definieren können. Was ist dann zu tun? Ganz einfach: Tun Sie sich regelmäßig Gutes.

Zunächst sollten wir uns klar machen, dass wir allein dafür verantwortlich sind, wie es uns geht. Ganz oft bewerten wir Situationen oder Menschen – und durch diese Bewertungen ziehen wir uns manchmal runter. Wir können nicht alle Ereignisse in unserem Leben kontrollieren, wir haben jedoch die Kontrolle darüber, was wir über diese Ereignisse denken und fühlen, und wie wir mit ihnen umgehen. Das gibt uns viel Freiheit und viel Verantwortung.

Es ist leicht, andere für meine Gefühlslage verantwortlich zu machen, es ist auch leicht, von anderen zu erwarten, dass sie für mein Wohl sorgen. Doch dadurch machen wir uns von den anderen abhängig. Und so werden wir wohl kaum richtig glücklich.

Glücklicher sind wir, wenn wir die volle Verantwortung für uns und unser Wohlbefinden selbst übernehmen. Das bedeutet, dass wir immer wieder inne halten und uns fragen, was wir uns gerade Gutes tun können. Was brauche ich in dieser Situation, damit es mir besser geht? Was kann ich im Kontakt mit diesem Menschen tun, damit ich mich wohler fühle?

Sorgen Sie gut für sich! Vielleicht werden Ihre Mitmenschen anfangs etwas verwundert sein, vielleicht sogar etwas befremdet oder beleidigt. Sie verstehen vielleicht nicht, warum Sie sich zum Beispiel aus einer Situation zurückziehen, weil Sie wissen, dass Sie gerade ein paar Minuten für sich brauchen oder um den Block gehen, um frische Luft zu tanken. Doch wenn Sie danach wieder im Reinen mit sich und der Welt sind, werden auch Ihre Mitmenschen erfahren, dass auch sie davon profitieren, wenn Sie gut für sich selbst sorgen.

Bringen Sie also Ihr Leben und sich selbst ins Gleichgewicht, indem Sie für sich selbst genauso gut sorgen wie für andere, wie für Ihre Familie, Ihre Freunde oder Ihre

Kollegen. Je aufmerksamer Sie zu sich selbst sind, desto weniger Grund haben Sie, sich über andere zu ärgern, und desto entspannter und liebenswürdiger werden Sie.

Halten Sie also in Zukunft immer wieder ganz bewusst inne, verschaffen Sie sich einen Überblick über die Situation und sich selbst, horchen Sie in sich hinein. Fragen Sie sich, was Sie tun können, damit es Ihnen in diesem Augenblick besser geht.

Erkennen Sie, was gut für Sie ist und richten Sie sich auch danach. Geben Sie sich, was Sie brauchen. Denn Sie sind für Ihr Wohlbefinden verantwortlich, nicht die anderen!

„Je süßer ich zu mir selber bin, desto seltener bin ich sauer auf mich selbst und die anderen."

(Spencer Johnson)

Wer ist für Ihr Glück verantwortlich?

Es gibt nur einen einzigen Menschen, der für Ihr Glück verantwortlich ist – und das sind Sie selbst! Deshalb lade ich Sie dazu ein, das Glück in Ihnen zu finden, auch wenn es außen vielleicht nicht die besten Rahmenbedingungen hat.

Sie alleine erzeugen Gedanken und Gefühle und lassen diese zu. Sie entscheiden ganz allein, wie Sie mit einer Situation umgehen wollen. Gute Laune, Spaß, Fröhlichkeit, Freude bestehen darin, sich als Entscheider, als Urheber seines inneren Zustands zu fühlen. Und zwar von Tag zu Tag, von Sekunde zu Sekunde – immer wieder erneut. Schlechtes Wetter? Sie können trotzdem glücklich sein, wenn Sie sich dazu entscheiden. Zahnschmerzen? Sie können trotzdem gute Laune haben.

Glück befindet sich niemals außerhalb von uns, sondern immer nur in uns drin. Wir müssen nur den Fokus darauf richten, um es aktiv wahrzunehmen.

So können wir in vielen Situationen eine innere Haltung einnehmen und eine Sichtweise entwickeln, die es uns ermöglicht, das Leben leichter zu nehmen.

Überlegen Sie mal: In welchen Lebensbereichen entscheiden Sie sich, so richtig glücklich zu sein? Was unternehmen Sie ganz konkret, dass Sie glücklich sein können? Was denken Sie? Wie denken Sie? Was tun Sie? Welche Körperhaltung haben Sie? Wie bewegen Sie sich?

In welchen Lebensbereichen entscheiden Sie sich, unglücklich zu sein? Was oder wie denken Sie, damit Sie unglücklich sein können? Was tun Sie? Welche Körperhaltung haben Sie? Wie bewegen Sie sich?

Finden Sie doch einmal die Unterschiede. Was machen Sie anders? Woran ganz genau erkennen Sie, dass Sie glücklich sind? Wie nimmt ein anderer Sie wahr, wenn Sie glücklich sind? Wie wirken Sie auf den anderen? Wie würde er Sie beschreiben? Woran erkennt ein anderer, dass Sie glücklich sind?

Wenn Sie sich auch gerne mal so richtig ins Unglück versetzen wollen, Sie gerade mal die Schattenseite ausleben möchten, dann tun Sie das. Es sagt ja niemand, dass Sie immer glücklich sein sollen.

Doch wenn Sie wissen, was Sie denken und tun, wenn Sie glücklich sind, dann können Sie dies auch gezielt anwenden in Situationen, in denen Sie unglücklich sind. Am einfachsten ist es, wenn Sie mit Ihrer Körperhaltung beginnen. Verändern Sie Ihre Körperhaltung und konzentrieren Sie sich dann darauf, was und wie Sie denken, was Sie tun, wie Sie sich verhalten.

Entscheiden Sie sich, glücklich zu sein, wenn Sie glücklich sein wollen, und Sie werden das Leben leichter meistern, weil Sie entspannter und zuversichtlicher sind.

„Menschliches Glück stammt nicht so sehr aus großen Glücksfällen, die sich selten ereignen, als vielmehr aus kleinen glücklichen Umständen, die jeden Tag vorkommen."

(Benjamin Franklin)

Wer ist „man"?

Heute lenken wir unsere Aufmerksamkeit auf die Sprache. Ganz speziell auf ein kleines, aber gemeines Wörtchen. Das Wörtchen „man".

Kennen Sie Formulierungen wie „Man müsste mal das Papier nachfüllen" oder „Man sollte frischen Tee kochen". Wer ist denn „man"? Wer fühlt sich angesprochen, wenn „man" das Papier nachfüllen sollte oder frischen Tee kochen sollte? – Niemand! Und wer kümmert sich darum? Auch niemand. Meistens zumindest.

Werden Sie verbindlich und sprechen Sie die Person direkt an, sonst tut sich gar nichts: „Herr Müller, sind Sie bitte so nett und füllen das Papier auf?" Oder „Wir brauchen frischen Tee. Wer kann sich darum kümmern?"

Das ist das eine „man". Dann gibt es noch ein anderes „man", welches ebenfalls sehr beliebt ist: „Man kann ja nicht alles auf einmal machen.", „Man will ja auch mal entspannen."

Wer kann nicht alles auf einmal machen und wer will auch mal entspannen? Ich? Sie? Hier spricht eine Person, die keine Stellung bezieht. Das ist schwach und unpersönlich.

Achten Sie einmal darauf, wie oft Menschen von „man“ sprechen, aber eigentlich damit sich selbst meinen. Es heißt also: „Ich kann nicht alles auf einmal machen“ und „ich will auch mal entspannen“. Laden Sie Ihre Mitmenschen im Gespräch dazu ein, persönlich Stellung zu nehmen, indem Sie nachfragen. Dadurch gewinnt das Gespräch an Tiefe und erhält eine persönliche Ebene.

Beispiele: „Man kann ja nicht alles auf einmal machen.“ – „Was ist Ihnen denn so wichtig, dass Sie es auf jeden Fall machen wollen?“ oder „Man sollte sich nicht immer alles so zu Herzen nehmen.“ - „Was wollen Sie sich nicht so zu Herzen nehmen?“

Stehen Sie zu sich, zu Ihrer Meinung und Ihren Bedürfnissen. Ersetzen Sie selbstbewusst (sich Ihrer selbst bewusst) das Wörtchen „man“ durch „Ich“.

„Die Sprache gehört zum Charakter des Menschen.“

(Sir Francis von Verqualm Bacon)

In einem gesunden Körper wohnt ein gesunder Geist

„Gesundheit ist nicht alles – doch ohne Gesundheit ist alles nichts“ – eine alte Redewendung, die wir heute einmal näher betrachten wollen. Wie kann es eigentlich sein, dass fast alle Menschen in unserer Gesellschaft wissen, wie man gesund lebt, aber nur wenige, nicht einmal ein Viertel der Menschen, dieses Wissen auch umsetzen, also tatsächlich gesund leben?

Wenn Sie mit Ihrem Auto zur Tankstelle fahren und Sie wissen, dass Ihr Auto Diesel braucht, dann tanken Sie ja auch Diesel und kein Benzin. Sie kämen niemals auf die Idee, hier gebrauchtes Frittierfett einzufüllen. Warum nicht? - Na klar, Sie wissen, dass der Motor Ihres Autos dann kaputt geht. Es gibt sogar Menschen, die bezahlen noch ein paar Cent mehr, um ihr Auto mit High-Tech-Diesel zu betanken, damit es länger fährt und bessere Leistung bringt.

Schön wäre es, wenn wir zu uns selbst genauso gut wären wie zu unserem Auto. Wenn wir uns so ernähren würden, dass unser Motor lange lebt und wir gute Leistung bringen. Wir wissen ja, wie das geht. Warum fangen wir dann nicht einfach sofort damit an?

Reduzieren Sie den Zucker, entdecken Sie leckere Knabbereien, die gesund sind. Wie wäre es mal mit Studentenfutter oder Trauben oder Karotten. Essen Sie nicht so viel, bis Sie sich total satt fühlen, sondern essen Sie einmal nur so viel, dass der große Hunger weg ist, aber ein kleines „Hüngerchen" noch da ist. Genießen Sie frisches Gemüse und Obst, streichen Sie mal etwas weniger Butter aufs – ja natürlich – Vollkornbrot.

Machen Sie echte Pausen, indem Sie an die frische Luft gehen und suchen Sie nach jeder Gelegenheit sich zu bewegen. Freuen Sie sich zum Beispiel, wenn Sie im Keller etwas vergessen haben und die Treppe noch einmal herunter und wieder rauf gehen dürfen. Es ist doch ein wunderbares Gefühl, wenn wir wissen, dass wir unserem Motor etwas Gutes tun.

„In der Jugend läuft man mit der Gesundheit dem Geld hinterher und im Alter mit dem Geld der Gesundheit."

(frei nach Voltaire)

Haken Sie´s ab

Kennen Sie das Gefühl, wenn Sie Dinge erledigen, die Sie schon eine Weile vor sich her schieben, und die Freude darüber, wenn Sie diese Dinge dann abhaken?

Schlummert in Ihrem Posteingang schon länger eine E-Mail, die Sie schon längst beantworten wollten? Oder liegt da ein riesiger Stapel auf Ihrem Schreibtisch, den Sie mit zunehmend schlechtem Gewissen von einer Ecke in die andere schieben? Oder ist da diese Krimskrams-Ecke in dem einen Zimmer Ihrer Wohnung, die Sie sehr gekonnt ignorieren?

Es gibt immer ein paar Dinge, die wir vor uns her schieben. Ein schönes Gefühl, wenn wir uns einfach mal an diese Stapel heranwagen und anfangen, das ein oder andere Unerledigte abzuarbeiten. Es ist ein wahrer Genuss, wenn die Zeitungsstöße kleiner werden, die Ablage endlich wegsortiert ist und auch diese unangenehme E-Mail beantwortet im Postausgang liegt.

Wenn wir das endlich beginnen, von dem wir glaubten, dass es so kompliziert und aufwändig sei, stellen wir ganz oft fest, dass es doch schneller ging, ganz einfach war, viel weniger dramatisch, als wir dachten. Es fühlt sich einfach toll an und ist regelrecht befreiend, etwas abhaken zu können. Wir fühlen uns erleichtert und sind sehr zufrieden.

Fangen Sie also an, picken Sie sich etwas raus und legen Sie los. Genießen Sie unbedingt ausgiebig dieses wunderbare, befriedigende Gefühl danach.

„Mut steht am Anfang des Handelns,
Glück am Ende.“

(Demokrit)

Wie wahr ist *Ihre* Wahrheit?

Wir neigen dazu, dass wir alles, was wir denken, entsprechend auch glauben und darüber urteilen. Wir meinen, dass das natürlich auch der Wahrheit entspricht. Dabei gibt es *die* Wahrheit überhaupt nicht.

Machen Sie es sich zur Gewohnheit, einfach mal an diesen Urteilen und Glaubenssätzen zu zweifeln. Überprüfen Sie diese und Sie werden erkennen, wie hilfreich das in unserem Leben ist.

Ein Beispiel: Jemand hat folgende Gedanken bzw. eine ganze Urteilskette im Kopf: „Mein Ehepartner sollte mehr zu Hause sein. Er lässt mich viel zu oft allein. Er liebt mich nicht mehr." – Dann könnte die Person einfach mal probeweise an diesen Gedanken und Urteilen zweifeln und sich fragen, ob diese Sicht zwangsläufig die einzig richtige und mögliche ist. Ist diese Wahrheit die einzig wahre? Könnte es nicht sein, dass ein anderer dieselbe Situation ganz anders beurteilt? Der andere denkt sich vielleicht, dass der Partner diesen Job macht, weil er will, dass es seiner Familie finanziell gut geht und abgesichert ist. Er stellt seine eigenen Bedürfnisse sogar hintenan.

Wenn Ihnen also ein Gedanke oder eine Urteilskette in den Kopf kommt, zweifeln Sie an der vermeintlichen Wahrheit und Richtigkeit dieses Urteils. Diese Art der Gedanken und Urteile tun uns generell nicht gut, sie belasten uns in der Regel sehr stark. So ist dieses Zweifeln äußerst wirksam, denn es stellt die unendlichen Fortsetzungen der angehängten Beurteilungen in Frage.

Dabei geht es nicht darum, die Fehler des anderen schön zu reden, sondern sich eher zu bemühen – sofern möglich –, die Fakten möglichst klar zu sehen und die Situation aus verschiedenen Perspektiven zu betrachten.

„Du bist nicht deine Gedanken."

(Byron Katie)

Was will ich denn eigentlich?

Stellen Sie sich mal vor, Sie sind im Café und sagen zur Bedienung: „Ich möchte nicht den Zitronenkuchen und ich möchte auch nicht den Marmorkuchen." Was wird die freundliche Kellnerin fragen? „Sondern? Was möchten Sie stattdessen?"

Dieses Beispiel mag absurd klingen, denn niemand erzählt dem Kellner, was er *nicht* möchte. Doch achten Sie mal darauf, wie oft wir ausführlich schildern, was wir *nicht* wollen. In meinen Coachings erzählen meine Klienten ganz oft, was sie nicht oder nicht mehr wollen: „Ich möchte nicht mehr so unsicher sein, wenn ich etwas präsentiere" oder „Ich will mich nicht ständig mit meinen Kindern in die Haare kriegen". Menschen wissen oft ziemlich genau, was sie nicht wollen, jedoch positiv zu sagen, was sie wollen, ist oft gar nicht so leicht.

Doch um etwas verändern zu können oder um überhaupt ins Handeln zu kommen, sollten wir eine Vorstellung davon haben, was wir wollen oder wie etwas sein sollte. Es reicht eben nicht nur zu wissen, was *nicht* sein sollte oder was wir *nicht* haben wollen. Wir brauchen stattdessen eine klare Vorstellung von dem, was sein sollte.

Das gilt für viele Situationen in unserem Leben. So gibt es auch bei einem Verkaufsgespräch Kunden, die dem Verkäufer klar sagen, was sie nicht wollen. Doch wenn der Verkäufer jetzt glaubt zu wissen, was der Kunde stattdessen will, ihn aber nicht danach fragt, dann kann er mit seiner Vermutung durchaus auch daneben liegen und den Kunden falsch beraten. Besser ist also, wenn der Verkäufer den Kunden direkt fragt: „Sondern, was möchten Sie denn stattdessen?" oder „Was ist Ihnen denn wichtig?"

Es lohnt sich meistens, beim Hinterfragen mit dem Zauberwort „sondern" sehr hartnäckig zu bleiben, um dem anderen Ihre Denkweise bewusst zu machen. Durch das konsequente Nachfragen, was stattdessen da sein soll, entwickeln wir eine klare Vorstellung vom Zielbild. Unser Bewusstsein und unser Unterbewusstsein wissen dann viel besser, in welche Richtung wir wollen und können losmarschieren.

Fragen Sie sich auch ab sofort, was *Sie* möchten und formulieren diesen Wunsch sich selbst und Ihren Gesprächspartnern gegenüber.

„Der Langsamste, der sein Ziel nicht aus den Augen verliert, geht noch immer geschwinder als jener, der ohne Ziel umherirrt."

(Gotthold Ephraim Lessing)

Ja-sagen zu Veränderungen

Heute schauen wir uns einmal mal die dynamische Natur des Lebens an. Es ist ein ewiger Kreislauf des Entstehens und des Vergehens, des Vergehens und des Wieder-Entstehens. Das wird uns durch die Jahreszeiten besonders bewusst. Im Frühling wachsen im kargen Nichts aus den kleinen Ästen plötzlich kleine Knospen und kündigen das bunte grüne Leben an.

Alles im Universum ist ein ständiges Kommen und Gehen. Der Atem kommt und geht, ebenfalls die Sonne, der Mond, die Jahreszeiten. Glückliche und unglückliche Momente kommen und vergehen wieder. Menschen kommen in unser Leben und gehen – manchmal auch für immer.

Wenn man sich bewusst macht, dass die Welt und das Leben durch und durch im Wandel von Kommen und Gehen begriffen sind, dann versteht man auch, dass es notwendig ist, loszulassen, damit Neues entstehen kann.

Genauso macht es uns die Natur vor: Die Bäume werfen im Herbst ihre Blätter ab, die Blütenpracht verwelkt, damit

Raum für neues Leben entsteht und die Knospen im Frühling sprießen können.

Wenn wir diese Realität der Veränderung bejahen, sagen wir auch „Ja“ zum Leben. Wir verstehen den Wechsel zwischen guten und weniger guten Zeiten, es fällt uns leichter Höhen und auch Tiefen zu akzeptieren. Mit dem Wissen, dass jedem Tiefpunkt unabdingbar eine Wende folgen wird, lernen wir auch, dass es manchmal sinnvoller ist, unsere Ressourcen nicht in die Veränderung des Unveränderbaren zu stecken. Das macht uns kraftlos und unglücklich.

Wenn wir versuchen, das Kommen und Gehen bewusst wahrzunehmen, erkennen wir auch den Wert der Veränderungen. Unglück entsteht – aber es vergeht eben auch wieder, selbst, wenn es manchmal von unendlicher Dauer zu sein scheint.

Es gibt Zeiten, da lassen zu viele oder zu große Veränderungen unser Leben chaotisch erscheinen. Man glaubt auch, manchmal kaum noch Herr der Lage zu sein. Dann ist es hilfreich, sich bewusst tägliche Rituale zu verschaffen, die einem das Gefühl von Stabilität geben. Das kann der tägliche Cappuccino oder die Tasse Tee sein, die Sie zu einer bestimmten Uhrzeit ganz gemütlich trinken.

Manche leiden auch unter zu wenig Veränderung, das wird oft als Langeweile empfunden. Hier ist es hilfreich, seinem Leben neue Impulse zu geben, Neues zu beginnen oder zu lernen.

Mein Tipp: Achten Sie einmal bewusst auf Veränderung, auf das Kommen und Gehen. Vielleicht spüren Sie dadurch eine angenehme Gelassenheit.

Es ist dumm, sich über die Welt zu ärgern.
Es kümmert sie nicht."

(Marc Aurel)

Leben im Jetzt!

Heute lade ich Sie dazu ein, ganz bewusst im Jetzt zu leben. Was meine ich damit? – Sie kennen das wahrscheinlich: Der Wecker hat gerade geklingelt, Sie liegen noch im Bett. In Ihren Gedanken haben Sie den kommenden Tag schon im Schnelldurchlauf durchgespielt. Sie sitzen vielleicht schon im Büro, während Ihr Körper noch im Bett liegt. Oder Sie frühstücken, und währenddessen sind Sie mit Ihren Gedanken schon auf dem Weg zur Arbeit. Oder Sie wollen einen schönen entspannten Abend mit Ihrem Partner verbringen, doch Ihre Gedanken kreisen nur um das, was Sie zuvor im Job erlebt haben.

Unsere Gedanken und unser Körper sind häufig voneinander getrennt. Wir sind körperlich im Jetzt, aber unsere Gedanken sind in der Vergangenheit oder in der Zukunft.

Leben Sie in den nächsten Tagen einmal ganz bewusst im Jetzt. Lassen Sie sich voll und ganz auf den Augenblick ein, den Sie gerade leben. Nehmen Sie bewusst wahr, was Sie gerade tun.

Wenn Sie Auto fahren, dann fahren Sie Auto, und sind mit Ihren Gedanken nicht schon im Büro und bei dem, was dort auf Sie wartet. Wenn Sie essen, dann essen Sie, und sind mit Ihren Gedanken voll und ganz beim Essen. Wie schmeckt das denn eigentlich, was ich da gerade esse? Welche Farben hat das Essen? Wie kaue ich denn so? Wie fühlt sich das Essen an?

Wenn Sie sitzen, dann sitzen Sie, und sind nicht in Gedanken schon aufgestanden. Wenn Sie stehen, dann stehen Sie, und sind in Gedanken nicht schon losgegangen.

Üben Sie das einmal ganz gezielt. Setzen Sie sich auf einen Stuhl und denken Sie nur: „Ich sitze auf einem Stuhl." Wie fühlt sich das an, auf einem Stuhl zu sitzen. Beobachten Sie Ihre Atmung und denken Sie dabei nur: „Ich atme - Ich atme ein und ich atme aus."

Die Atmung führt uns immer in die Gegenwart, ins Jetzt. Sie ist sehr hilfreich, um uns auf uns selbst und das Jetzt zu fokussieren. Beobachten Sie, welchen Unterschied Ihr neues Bewusstsein für den Augenblick, für das Jetzt in Ihrem Leben macht.

„Halte immer an der Gegenwart fest.
Jeder Zustand, ja jeder Augenblick ist von unendlichem Wert,
denn er ist der Repräsentant einer ganzen Ewigkeit."

Johann Wolfgang von Goethe

Mensch, ärgere dich nicht

Ärgern Sie sich manchmal? Sicher, jeder ärgert sich hin und wieder. Aber es gibt da einen ganz interessanten Punkt: Wir sagen doch jedes Mal, wenn wir uns ärgern: Ich ärgere mich ... über irgendjemanden oder eine bestimmte Situation. Wobei wir uns ja nicht nur über andere Personen, doch manchmal auch über uns selbst ärgern. Doch wichtig ist die Formulierung: „*Ich* ärgere *mich* über..."

Wenn Sie diesen Satz ganz genau anschauen, dann werden Sie feststellen, dass nur *Sie* damit zu tun haben. *Ich* ärgere *mich* heißt also, wir ärgern uns ganz allein. Da haben die anderen oder äußeren Situationen überhaupt nichts damit zu tun. Wir sind tatsächlich die einzigen, die uns ärgern. Und wenn ich der einzige bin, der sich ärgert, dann kann ich es auch bleiben lassen.

Natürlich sind die äußeren Bedingungen teilweise zum aus der Haut fahren. Doch Hand aufs Herz: Haben wir schon jemals etwas dadurch geändert, weil wir uns geärgert haben? Sicher nicht! Im Gegenteil: Wenn wir uns selbst ärgern, bekommen wir Magenschmerzen oder andere Krankheiten. Wir ärgern uns sozusagen regelrecht krank. Und der andere, der den Ärger verursacht hat, merkt nicht einmal etwas davon. Nicht gerade effektiv, oder?

Wir können also die aktive Entscheidung treffen, uns nicht mehr zu ärgern. Wie soll das gehen? Ganz einfach. Sehr oft ärgern wir uns, weil der andere nicht so ist, wie wir es erwarten. Doch überlegen Sie mal: Möchten Sie so sein, wie andere Sie haben wollen? Sicher nicht. Wir wollen so sein, wie wir wollen. Die Lösung heißt hier also schlicht und einfach: Akzeptanz und Toleranz.

Doch ganz wichtig: Es geht nur um den Ärger, den Sie empfinden, also um das negative Gefühl. Es geht also nicht darum, alles gleichgültig hinzunehmen, was der andere macht, oder dass einem alles egal ist. Wir akzeptieren hingegen die Tatsache, dass das Kind in den Brunnen gefallen ist, und stellen uns die Frage, wie es wieder herauskommt. Was können wir tun, dass es in Zukunft nicht mehr hineinfällt.

Das Beste an dieser Methode: Ohne Ärger kommen wir sofort in den Lösungsmodus. Unser Denken ist nicht blockiert, wir bleiben handlungsfähig. Und wie ist das in der Beziehung mit dem anderen, über den wir uns normalerweise ärgern? Im Ärger können wir keine vernünftige Gesprächsebene aufbauen. Im Gefühl der Harmonie und des

Friedens lässt sich viel leichter ohne Aggressionen miteinander reden.

Kennen Sie den wahren Satz: „Was trifft, trifft zu"? Wir werden nur dann von etwas wirklich innerlich getroffen, wir ärgern uns nur dann über Äußerungen, wenn diese zutreffen. Das ist zwar nicht immer leicht einzusehen, doch eine ganz wichtige Erkenntnis. Wenn Sie dieses Thema für sich bearbeitet haben, wird Sie das in Zukunft nicht mehr berühren, es wird Sie kalt lassen, denn es trifft ja nicht mehr zu.

„Das ärgerliche am Ärger ist, dass man sich schadet, ohne anderen zu nutzen."

(Kurt Tucholsky)

Lass deine Sorgen los

Wie wäre es für Sie, wenn Sie ganz bewusst einmal darauf achten, sich keine Sorgen zu machen? Denken Sie jetzt, dass das verrückt ist, dass man sich eben um das eine oder andere Sorgen macht? Das gehört nun einmal dazu, das kann man nicht so einfach abschalten?

Sorgen sind vollkommen überflüssig und helfen überhaupt nicht weiter. Natürlich haben wir die eine oder andere handfeste Situation, welche gelöst werden möchte. Doch das Problem ist nicht, dass wir Sorgen haben – das Problem ist, dass wir unsere Probleme durch Sorgen unnötig vergrößern, in die Länge ziehen und manchmal auch erst erschaffen.

Wer sich Sorgen macht, löst nicht die Situation, sondern verschwendet seine Gedanken und seine Kraft. Um Sorgen zu haben, muss man sich Sorgen *machen*. Die deutsche Sprache verdeutlicht es wunderbar. Wir machen uns unsere Sorgen selbst. Vielleicht glauben wir, dass wir damit zeigen, dass wir die Dinge oder das Leben an sich nicht auf die leichte Schulter nehmen. Wir spüren förmlich das ganze Gewicht unserer Probleme, das wirkt wie eine große Last.

Doch haben wir dadurch, dass wir uns Sorgen machen, irgendein Problem gelöst? Probleme lösen wir, indem wir Entscheidungen treffen und handeln. Wenn wir uns Sorgen machen, erzeugen wir Druck, Angst, Ohnmacht, Engsichtigkeit – keine guten Voraussetzungen, um eine negative Situation zu lösen, oder?

Sorgen entspringen unseren Gedanken und Vorstellungen, unserer dunklen Seite der Phantasie. Überlegen Sie mal, wie oft Sie sich schon Sorgen über irgendetwas gemacht haben und wie oft dann genau diese Sorgen eingetreten sind. Die wenigsten Sorgen werden tatsächlich auch Realität. Mit Sorgen wollen wir das Schlimmste vielleicht verhindern oder uns vielleicht mental auf das Schlimmste vorbereiten, damit es uns dann nicht so eiskalt erwischt. Ist das wirklich sinnvoll?

Wäre es nicht klüger, pro-aktiv Problemen vorzubeugen und sie auch zu lösen? Jede noch so kleine Tat bewirkt mehr als alle Sorgenspinnereien zusammen. Wenn Sie gerade in eine Situation involviert sind, über die Sie sich Sorgen machen, dann stellen Sie sich mal den optimalen Verlauf vor. Machen Sie sich nur positive Vorstellungen darüber, wie es weitergehen wird. Wie ist das?

Vermutlich fühlt es sich wesentlich besser an. *Aber,* werden Sie vielleicht denken, das ist doch Quatsch. Da mache ich mir doch nur etwas vor. Ja, doch mit Ihren Sorgen machen Sie sich genauso etwas vor, nur eben in die negative Richtung. Beide Vorstellungen entspringen Ihrer Phantasie. Die Wirkung der inneren Bilder und Gedanken ist allerdings eine ganz andere.

Sie haben die Wahl, welche Betrachtungsweise Sie wählen. Mehr Kraft zur Findung guter Lösungen gibt Ihnen die positive Sichtweise. Statt sich über die Zukunft Sorgen zu machen, gestalten Sie Ihre Zukunft aktiv.

„Halte dir jeden Tag dreißig Minuten für deine Sorgen frei und mache in dieser Zeit ein Nickerchen."

(Abraham Lincoln)

Herausforderungen als Trainingschance

Welche Situationen stellen Sie vor besondere Herausforderungen, über die Sie sich im ersten Moment vielleicht ein bisschen ärgern oder die Sie vielleicht sogar belasten?

Wenn Sie in eine solche Situation gelangen, dann fragen Sie sich einmal, welchen Nutzen Sie aus herausfordernden Situationen ziehen können.

Achten Sie ganz bewusst darauf, welche Trainingschancen sich Ihnen bieten. Welche Fähigkeiten können Sie jetzt erwerben oder verbessern?

Vielleicht bietet Ihnen diese Situation die Chance, Ihre Geduld zu trainieren oder Ihre Toleranz. Vielleicht trainieren Sie Ihr Verhandlungsgeschick oder Ihre kommunikative Kompetenz. Vielleicht auch Ihr Selbstbewusstsein, Ihre Gelassenheit oder Ihre Kreativität.

Nehmen wir mal ein Beispiel: Sie stehen im Stau. Normalerweise werden Sie nervös, doch ändern können Sie jetzt sowieso nichts. Also üben Sie sich in Ruhe und Gelassenheit. In einem anderen Fall werden Sie aufgefordert, eine Rede zu halten. Eine Herausforderung für Sie, denn noch nie kamen Sie in diese Situation. Im ersten Moment haben Sie vielleicht Angst davor und denken, dass Sie das niemals können. Doch danach werden Sie froh und auch stolz sein, diese scheinbar unüberwindbare Hürde genommen zu haben.

Welche Herausforderung Sie auch immer zu bewältigen haben, Sie gewinnen eine neue Sicht darauf, wenn Sie sich dabei auch das Ziel setzen, die Situation als Trainingschance zu verstehen, von der Sie letztendlich profitieren können. Und vielleicht sind Sie für diese schließlich sogar ein ganz kleines bisschen dankbar.

„Das Glück des Lebens besteht nicht darin,
wenig oder keine Schwierigkeiten zu haben,
sondern sie alle siegreich und glorreich zu überwinden."

(Carl Hilty)

Wie meinst du das?

Haben Sie schon einmal davon gehört, in einem Gespräch den anderen zu spiegeln? Das ist sehr nützlich, doch leider gerät diese wunderbare Gesprächstechnik des „Aktiven Zuhörens“ immer wieder in Vergessenheit.

Wir glauben im Gespräch ganz oft schon zu wissen, was der andere sagen will. Wir vervollständigen schnell in Gedanken seinen Satz, hören also gar nicht mehr richtig zu und überlegen uns stattdessen schon mal, was wir gleich sagen wollen.

Wenn wir uns vornehmen, öfter mal zu spiegeln, was der andere sagt, müssen wir sehr genau zuhören, um auch wirklich zu verstehen, was er meint. Wenn wir dann mit unseren eigenen Worten wiedergeben, was wir gerade verstanden haben, fühlt sich unser Gesprächspartner ernst genommen und wohl in dem Gespräch. Außerdem verhindern wir Missverständnisse. Wer also mit echtem Interesse zuhört, geht auf sein Gegenüber ein, bringt ihn zum Sprechen und dazu, sich zu öffnen. Aktives Zuhören ist ein „Sesam, öffne dich!“ für ein gutes Gespräch im Sinne des deutschen Schriftstellers Ernst Jünger: Ihr Gegenüber äußert dann das, was ihn wirklich interessiert und beschäftigt.

Es ist also rundum sinnvoll, aktiv zuzuhören. Gerade in kritischen und schwierigen Gesprächssituationen ist ein „verstehe ich das richtig, dass…" oder „Sie meinen also, dass…" sehr nützlich.

Beobachten Sie einmal ganz bewusst, wie sich die Qualität Ihrer Gespräche verändert, wenn Sie öfter aktiv zuhören.

„Hören Sie zu, oder warten Sie nur ab,
bis Sie wieder etwas sagen können?"

(Quelle unbekannt)

Erkennen Sie Verbal-Müll

Heute lade ich Sie ein, einmal ganz bewusst auf Ihre Sprache und auf die Sprache Ihrer Mitmenschen zu achten. Ist Ihnen bewusst, wie viel „Müll" sich in unserer Sprache versteckt? Können Sie sich vorstellen, wie so eine „vermüllte" Sprache auf Sie und andere Menschen wirkt?

Was meine ich? Sie haben beispielsweise für Ihre Freunde ein leckeres Essen gekocht. Dann hören Sie den einen sagen: „Schmeckt nicht schlecht", der andere sagt: „Schmeckt lecker". Fühlen Sie den Unterschied?

Es ist doch schade, wenn man nur durch die Verneinung eines schlechten Wortes Lob ausdrücken kann. Loben Sie also mal ganz bewusst mit positiven Worten. Statt „nicht übel", sagen Sie doch einfach mal „klasse". Statt „das ist nicht verkehrt", sagen Sie „das ist goldrichtig". Statt „das ist nicht dumm" sagen Sie „das ist klug".

Wenn Sie bewusst eine positive Sprache verwenden, wird auch Ihr Denken positiver und Sie geben dem Positiven in

Ihrem Leben nicht nur mehr Ausdruck, sondern auch mehr Raum. Sie nehmen mehr Positives wahr.

An der Art und Weise, wie eine Person spricht, erkennen wir, wie sie denkt und wie sie die Welt sieht. Hören Sie einmal ganz genau hin und Sie werden vielleicht das ein oder andere Interessante dabei entdecken.

„Spreche, damit ich dich sehen kann“

(Aristoteles)

Die Achterbahn des Lebens

Heute besinnen wir uns einmal darauf, was geht, wenn nichts mehr geht. Wir kennen Gedanken wie: „Ach, jetzt schmeiß' ich alles hin, ich kann nicht mehr, ich hau ab, mich kotzt das alles an, ich wandere aus, ..."

Solche Gedanken gehören natürlich zum Leben dazu und kommen uns vor allem dann in den Sinn, wenn unser Nervenkostüm so richtig dünn ist, wenn wir gestresst sind oder unausgeschlafen. Und genau in solchen Lebenslagen kommt dann ganz oft noch etwas scheinbar Unlösbares, Dramatisches hinzu. Eine erneute schlechte Nachricht oder eine schlimme Situation, die uns scheinbar den Boden unter den Füßen wegzieht.

Das Leben ist vergleichbar mit einer Achterbahn. Ein ewiges Auf und Ab. Manchmal jauchzen wir vor Freude, und manchmal schreien wir panisch vor Angst. Doch auch wenn scheinbar alle Türen hinter uns zufallen, wir können immer neue Türen finden und öffnen. Es geht immer weiter, wenn wir aktiv werden und eigenverantwortlich handeln.

Wir haben die Wahl zu jammern und zu klagen, oder aber Pläne zu schmieden und anzupacken. Wir können Widerstand leisten und uns gegen das Leben wehren oder aber uns dem Leben aktiv hingeben. Wir können uns sorgen und schwarzsehen oder Möglichkeiten entdecken und Neues gestalten.

Fragen Sie sich in solchen Problemsituationen: „Was kann ich jetzt tun, damit es anders wird? Welchen ersten kleinen Schritt kann ich unternehmen? Was kann ich aus dieser Situation lernen? Was kann ich tun, damit es mir besser geht? Was brauche ich jetzt?

„Es gibt mehr Leute, die kapitulieren,
als solche, die scheitern.“

(Henry Ford)

Positive Sprache

Gehören Sie auch zu den vielen Menschen, die das Wörtchen „nicht" ganz oft gebrauchen? Sie sagen also viel mehr, was Sie nicht wollen als das, was Sie wollen?

Ein kleines Experiment: Denken Sie auf keinen Fall daran, dass es Sie eventuell irgendwo jucken könnte. Es juckt Sie überhaupt nicht. Nirgends. Sie wissen auch gar nicht, wie es sich anfühlt, wenn es juckt. Sie können sich gar nicht so genau daran erinnern, wann es Sie zuletzt einmal gejuckt hat. Sie spüren Ihren ganzen Körper, und es juckt sie nicht. Nicht ein einziger kleiner Juckreiz ist zu spüren.

Und – hat es Sie nicht doch irgendwo gerade gejuckt, obwohl ich doch ganz klar gesagt habe, dass es Sie nicht juckt? Wie kann es also sein, dass es Sie gejuckt hat? Ganz einfach: Ihrem Unterbewusstsein habe ich die ganze Zeit über gesagt, dass es Sie juckt. Wie das? Es versteht keine Verneinungen wie „nicht" oder „kein".

Unser Unterbewusstsein ist ausschließlich gegenwartsbezogen und kann nicht in der Vergangenheit oder Zukunft denken. Verneinungen sind aber nur im Zusammenhang mit der Gegenwart oder der Zukunft möglich, da Verneinungen ein indirekter Vergleich mit einer anderen Situation oder einer anderen Möglichkeit anstellt - eine Möglichkeit, die in der Vergangenheit oder in der Zukunft liegt. Diesen Vergleich kann nur unser Verstand herstellen. Er kann feststellen, dass ich jetzt nicht stehe, während das Unterbewusstsein nur wahrnimmt, dass ich gerade sitze.

Welche Bedeutung hat das jetzt für unsere Kommunikation? Wenn wir jemanden auffordern, etwas nicht zu tun, fordern Sie ihn unbewusst auf, ganz genau das zu tun, was Sie nicht wollen. Sie sagen: „Ich will nicht, dass du so spät nach Hause kommst.“ Das Unbewusste des anderen versteht: „Ich will, dass du spät nach Hause kommst.“ Sagen Sie also besser, was Sie wollen: „Ich möchte, dass du früher zu Hause bist.“ Wenn Sie einem Kind sagen, „pass auf, dass du nicht stolperst“, erhöht das die Wahrscheinlichkeit, dass das Kind stolpert. Sagen Sie stattdessen: „Nimm die Füße hoch.“

Woher kommt es, dass wir so häufig Negationen verwenden? Wahrscheinlich daher, dass wir mit ihnen aufgewachsen sind. Wie oft hörten wir als Kind: „Mach dich nicht schmutzig“, „Hast du wieder nicht aufgeräumt?“, „Begreifst du das nicht?“

Vielleicht kennen Sie von sich diese Aussagen: „Ich möchte mich nicht mehr so unter Druck fühlen", „Ich möchte nicht alles nur runterschlucken". Dann fragen Sie sich, was Sie stattdessen wollen. Machen Sie sich bewusst, was Sie sich stattdessen wünschen. Ja, und wenn etwas positiv ist, dass formulieren Sie es auch positiv. Statt „das Essen schmeckt nicht schlecht" sagen Sie „das Essen ist sehr lecker". Aus „das ist nicht schwer" wird dann „das ist ganz einfach". Hört sich doch gleich ganz anders an, oder?

„Jemanden vergessen wollen
heißt an ihn denken."

(Jean de la Bruyère)

Schluss mit Gedankenschleifen

Kennen Sie die Situation, dass wir manchmal nicht so recht aus dem Problemdenken herauskommen, dass wir eine regelrechte Problemtrance entwickeln. Wir tun uns schwer, eine gute Lösung zu finden, weil wir den Wald vor lauter Bäumen nicht mehr sehen. Vielleicht auch, weil wir uns ein wenig ohnmächtig fühlen und glauben, dass wir sowieso nichts ändern können.

Sollten Sie sich mal wieder in solch einem Zustand befinden, dann stellen Sie sich doch mal folgende Fragen:

1. Was müssten Sie tun, um das Problem zu verschlimmern?

2. Wie müssten Sie denken, dass das Problem unlösbar ist?

3. Wie könnten andere Sie dabei unterstützen, damit das Ganze noch schlimmer wird?

4. Nehmen wir an, die Situation bliebe so, wie sie gerade ist, wie wäre es dann in fünf oder zehn Jahren?

5. Was ist das Gute an dem Problem, wovor schützt das Problem Sie und wovor bewahrt es Sie?

6. Wofür wäre es gut, das Problem ruhig noch ein Weilchen zu behalten?

7. Wenn das Problem weg wäre, Sie es aber gerne noch einmal haben würden, was müssten Sie dann tun, damit das Problem zurückkehrt?

Diese Fragen, die etwas eigentümlich wirken, sind aus dem systemischen und lösungsorientierten Coaching. Sie sind deshalb so effektiv, weil sie einem Selbstwirksamkeit verdeutlichen.

Das bedeutet, wir werden uns wieder bewusst, dass wir selbst etwas bewirken können. Wenn wir eine Situation nämlich schlimmer machen können, heißt das, dass wir die Situation auf jeden Fall beeinflussen können. Und wenn wir es in die eine Richtung können, dann funktioniert es doch auch in die andere Richtung.

Die Gedankenschleifen werden aufgebrochen und die Synapsen kommen wieder in Bewegung. Meistens muss man die Antworten auf die sieben Fragen nur etwas ins Positive umkehren und schon finden wir ganz schnell Lösungsansätze.

„Probleme kann man niemals auf derselben Ebene lösen, auf der sie entstanden sind.“

(Albert Einstein)

Balsam für die Seele

Können Sie sich vorstellen, wie wichtig es ist, es sich gut gehen zu lassen, sich ganz bewusst und genussvoll etwas zu gönnen? Etwas für sich zu tun, nicht etwa, um sich zu belohnen, weil man etwas geschafft hat oder erreicht hat, sondern einfach nur deshalb, weil wir Wir sind, weil wir das sind, was wir sind. Tun Sie sich einfach gut!

Was tut Ihrem Körper gut? Was tut Ihrer Seele gut, Ihrem Geist? Hören Sie doch mal auf Ihr Inneres. Was haben Sie schon lange nicht mehr gemacht, was Ihnen richtig Spaß macht oder was Sie so richtig genießen können?? Wonach sehnen Sie sich? Worauf haben Sie Lust, was würden Sie jetzt einfach mal so gerne für sich selbst tun?

Ein kleiner Spaziergang, schöne Musik hören, ein leckerer Cappuccino, ganz gemütlich in einer schönen ruhigen Ecke entspannt ein Glas Wein in den Händen halten? Vielleicht möchten Sie auch in Ihrem Lieblingsbuch blättern und darin schmökern, sich dem Bann der Geschichte hingeben. Genießen Sie einfach mal die Natur, lassen Sie Ihre Nase von den Sonnenstrahlen kitzeln und den Wind durch Ihr

Haar pusten. Es muss überhaupt nichts Großes sein, es sind vielmehr die kleinen Dinge des Lebens, die wir mit allen Sinnen, mit aller Aufmerksamkeit genießen und damit zu etwas ganz Besonderem machen.

Das Argument „Ach, ich habe dafür ja gar keine Zeit", das lassen wir hier nicht gelten. Schon zehn Minuten, die wir ganz und gar uns selbst schenken, in denen wir im Moment leben, in denen wir ganz bewusst uns selbst etwas Gutes tun, einfach, weil wir es wert sind – schon diese zehn Minuten können uns unendlich gut tun.

Also: Tun Sie sich etwas Gutes, es ist einfach nur schön, dass es Sie gibt. Schätzen Sie Ihren Wert. Genießen Sie sich!

„Liebe dich selbst, dann können
die anderen dich gern haben."

(Eckart von Hirschhausen)

Vom Fühlen zum Handeln

Wussten Sie schon, dass Sie Frustgefühle konstruktiv nutzen können, um wieder mehr Lust und Motivation zu empfinden? Das hört sich im ersten Moment völlig widersprüchlich an, doch im zweiten Moment kommen Sie vielleicht auf die Idee, dass der Frust durchaus eine gute Seite hat, dass es sogar nützlich ist, Frustgefühle zu empfinden.

Letztendlich ist jedes Gefühl, welches wir empfinden, ein Signal unseres Körpers. Ja, sogar mehr als ein Signal, es ist ein Kommando, dass wir aktiv werden sollen. Stellen Sie sich mal vor, Sie gehen in den Keller hinunter, es ist dunkel, und plötzlich hören Sie ein unbekanntes, äußerst merkwürdiges Geräusch. Sie bekommen Angst – das heißt, ihr Körper signalisiert: „Mach sofort das Licht an und bereite dich auf eine eventuelle Flucht vor."

Auch das Frustgefühl ist nichts anderes als ein Kommando aktiv zu werden, so wie bei der Angst. Angenommen, Sie sind frustriert, weil Sie sich in Ihrem Job nicht verwirklichen können, Ihr Chef Sie und Ihre Ideen ignoriert. Die Zusammenarbeit mit Ihren Kollegen ist sehr zäh und unerfreulich.

Dann ist der Frust, den Sie empfinden, ein Kommando Ihres Selbstwertgefühls, das Ihnen sagt: „Los, jetzt tue etwas! Du kannst viel mehr als das, was du hier tust. Du hast es verdient, von deinem Chef fair behandelt zu werden. Jetzt überlege dir, was du wie verändern kannst, damit du zeigen kannst, was in dir steckt. Los, werde aktiv, lass es dir nicht mehr gefallen, ändere etwas und zwar schnell!"

Der Frust warnt Sie, bevor es zu spät ist und Sie nur noch resigniert den Kopf in den Sand stecken, in Selbstmitleid zergehen oder sich möglicherweise psychosomatische Symptome zeigen. Je stärker ein Gefühl ist, desto größer ist die Bereitschaft Energie einzusetzen und Dinge zu ändern, die geändert werden müssen.

Schenken Sie mal eine Woche lang Ihren Gefühlen besonders viel Aufmerksamkeit und immer, wenn Sie ein ungutes Gefühl haben, verstehen Sie dieses als Signal Ihres Körpers, dass Sie nicht im Einklang mit sich selbst sind, und als ein Kommando, dass Sie jetzt schleunigst etwas ändern sollten. Überlegen Sie, was Sie ändern können und ändern Sie es. Nutzen Sie Ihre Gefühle, um ins Handeln zu kommen.

„Die Vernunft formt den Menschen,
das Gefühl leitet ihn."

(Jean-Jaques Rousseaux)

Mit vier Ohren hören

Gutes Zuhören ist eine Kunst. Das wird im Gespräch mit Kunden im Verkaufsgespräch besonders deutlich, doch auch in anderen Situationen mit Freunden, innerhalb der Familie oder mit Arbeitskollegen ist es enorm wichtig. Es ist die Grundlage für ein gutes Miteinander, für eine gute Zusammenarbeit, für das Zusammenleben.

Sicher kennen Sie viele Situationen, in denen es darauf ankommt, besonders gut zuzuhören. Vielleicht haben Sie schon bemerkt, dass die Art und Weise, wie Sie zuhören, dem Gespräch die Richtung gibt. Was meine ich damit? Haben Sie schon einmal etwas von dem 4-Ohren-Modell von Friedemann Schulz von Thun gehört? Hier geht es um die vier Seiten einer Nachricht und die vier Ohren, die diese Nachricht auf unterschiedlichste Art und Weise verstehen können.

Man unterscheidet unter anderem zwischen dem sogenannten Beziehungsohr und dem gegenüberliegendem Inhaltsohr. Wenn Sie zuhören und Sie merken, dass Ihre

„innere Betriebstemperatur“ steigt, Sie sich gereizt oder verletzt fühlen – Sie also mit ihrem Beziehungsohr hören – dann konzentrieren Sie sich mal auf die rein inhaltliche Botschaft. Hören Sie dann einmal nur mit dem Inhaltsohr.

Nehmen wir beispielsweise an, Sie haben heute mal etwas länger Mittagspause gemacht. Sie spazieren in Ihr Büro. Ihre Chefin schaut hinter dem Monitor hervor und sagt: „Sie haben heute länger Pause gemacht.“ Wenn Sie mit dem Beziehungsohr hören, spüren Sie, wie der Groll aufkommt, denn Ihre Chefin scheint Ihr Engagement und Ihre vielen Überstunden völlig zu ignorieren. Sie meckert nur über die Pausenzeit.

Wenn Sie so denken, steht für Sie Ihre Beziehung zum Gesprächspartner im Vordergrund: „Was denkt diese Person über mich?“ Wie stehen Sie zueinander? Wenn Sie mit dem Beziehungsohr hören, werden Sie vielleicht etwas unmutig oder gereizt antworten: „Ja, aber keine Sorge, ich habe alles unter Kontrolle. Ich mache ja genug Überstunden, falls Sie das noch nicht bemerkt haben sollten.“

Hören Sie dagegen die Aussage Ihrer Chefin mit dem Inhaltsohr und fokussieren Sie sich rein auf die sachliche Information, bleiben Sie entspannt, ärgern sich nicht, sondern sagen vielleicht sogar recht freundlich: „Ja, das stimmt. Bei den vielen Überstunden brauche ich einfach etwas mehr Pause.“

Das Ohr, mit dem Sie eine Botschaft hören, bestimmt also Ihre Emotionen und Gedanken – und damit natürlich auch den weiteren Gesprächsverlauf.

Menschen, die häufig Aussagen persönlich nehmen – dazu tendieren Frauen übrigens etwas mehr als Männer – tun sich und den anderen etwas Gutes, wenn sie sich mehr auf das Inhaltsohr konzentrieren, auf die rein sachliche Botschaft.

*„Gewöhnlich glaubt der Mensch,
wenn er nur Worte hört, es müsse sich
dabei doch auch was denken lassen."*

(Johann Wolfgang von Goethe)

Hören Sie *richtig* zu!?

Wir kennen inzwischen zwei Ohren aus dem 4-Ohren-Modell von Friedemann Schulz von Thun – das Inhaltsohr und das Beziehungsohr. Jetzt widmen wir uns den anderen beiden Ohren, dem sogenannten Appellohr und dem Selbstoffenbarungsohr.

Das Appellohr hört immer, was wir tun sollen, wobei überhaupt nicht gesagt ist, dass wir etwas tun sollen, geschweige denn, dass wir tun sollen, was wir glauben, was wir tun sollen.

Ein Beispiel zum Verdeutlichen: Die Frau sagt zu Ihrem Mann beim Frühstück am Sonntagmorgen: „Mein Auto hat immer noch die Sommerreifen drauf." So könnte der Mann im genervten Ton antworten: „Ich kann diese Woche nicht auch noch deine Reifen wechseln. Was soll ich denn noch alles machen?" Hat sie denn gesagt, dass er die Reifen wechseln soll? Nun ja, vielleicht werden die Männer unter Ihnen jetzt sagen: „Klar, so sind sie, die Frauen, sie sagen immer indirekt, was sie eigentlich wollen, oder sie sagen es gar nicht..." – Können Sie sich wirklich sicher sein? Vielleicht hat die Frau nur laut gedacht und überlegt, wann sie das Auto zur Werkstatt bringen soll.

Natürlich gibt es gerade in langjährigen Paarbeziehungen oft eingefahrene Kommunikationsmuster, die immer wieder wunderbar funktionieren. Und wenn unser Paar aus dem Beispiel schon seit zwanzig Jahren zusammen ist und der Mann jeden Herbst die Winterreifen aufzieht, dann ist die Aussage der Frau sehr wahrscheinlich als Appell gemeint: „Zieh bitte die Reifen auf."

Angenommen, es ist aber der erste Herbst für dieses Paar, dann kann der Mann seine Selbstoffenbarungsohren spitzen und hören, was die Frau über sich selbst aussagt, wenn sie sagt: „Mein Auto hat immer noch Sommerreifen drauf." Sagt sie über sich, dass sie sich Hilfe wünscht oder dass sie sich Gedanken macht, ob ihr Auto bei den kühlen Temperaturen noch genug Gripp hat? Am besten fragt man(n) einfach mal nach: „Sagst du das, weil du hoffst, dass ich die Reifen wechsle?" Oder: „Machst du dir Gedanken wegen des Bodenfrosts heute morgen?" oder einfach ganz offen nachfragen: „Was willst du mir damit konkret sagen?"

Frauen tendieren eher als Männer dazu, zu hoffen, dass man ihnen mit dem Selbstoffenbarungsohr zuhört und ihre Bedürfnisse erkannt werden. Das hat schon so manchem

Paar zu schaffen gemacht. Daher mein Tipp an die Frauen: Formulieren Sie Ihre Bedürfnisse ganz konkret, dann weiß der andere, woran er ist. Und für die Herren: Hören Sie öfter mit dem Selbstoffenbarungsohr und fragen Sie, was die Frau in dieser Situation eigentlich gerade über sich selbst aussagt.

„Solange man selbst redet,
erfährt man nichts."

(Marie von Ebner-Eschenbach)

Neue Wege beschreiten

Gehören Sie auch zu Menschen, die Dinge vermeiden oder sich vor ihnen fürchten, nur weil andere Negatives sagen. Anders ausgedrückt: Wenn es nicht Ihre eigenen Erfahrungen sind, was macht Sie so sicher, dass diese negativen Äußerungen und Befürchtungen der anderen auch für Sie gelten?

Dazu erzähle ich Ihnen eine Geschichte von einem Experiment, welches Wolfgang Köhler Anfang des letzten Jahrhunderts bei Affen durchführte:

In einem Käfig sitzen fünf Affen. An die Käfigdecke werden Bananen gehängt und eine Leiter darunter gestellt. Es dauert natürlich nicht lange und ein Affe kommt auf die Idee, die Leiter zu erklimmen, um an die Banane zu kommen. Sobald dieser Affe die Leiter erklimmen will, werden er und die anderen Affen mit kaltem Wasser besprüht. Nach einer Weile versucht ein anderer Affe auf die Leiter zu steigen mit demselben Resultat. Alle Affen, die die Leiter berühren, werden mit kaltem Wasser besprüht. Das finden die Affen gar nicht lustig.

Nun wird das kalte Wasser abgestellt und dennoch, immer, wenn ein Affe versuchen sollte, die Leiter zu erklimmen, wird er von den anderen Affen sofort zurückgehalten, obwohl sie ja dieses Mal gar nicht mit Wasser besprüht werden würden. Jetzt wird ein Affe aus dem Käfig gelassen und durch einen neuen ersetzt. Der neue Affe sieht natürlich die Bananen und will die Leiter hinauf. Doch zu seinem großen Entsetzen, kaum berührt er die Leiter, wird er von den anderen Affen angegriffen. Also lässt er seine Versuche, an die Bananen zu kommen.

Als Nächstes kommt noch ein alter Affe raus aus dem Käfig und wird wieder durch einen neuen ersetzt. Der neue geht natürlich auch zur Leiter und wird sofort von den anderen attackiert. Der zuvor hinzugekommene Affe beteiligt sich enthusiastisch bei diesen Angriffen. Weitere Affen werden ausgetauscht und das Spiel wiederholt sich immer wieder.

Natürlich haben die neuen Affen überhaupt keine Idee, warum es ihnen nicht erlaubt ist, die Bananen zu holen oder warum sie die Neuankömmlinge immer wieder verprügeln. Schließlich sind alle Affen ausgetauscht, kein alter ist mehr im Käfig, der diese Wassererfahrung gemacht hat.

Das Sensationelle: Kein Affe versucht je wieder, die Leiter zu erklimmen.

Warum probiert kein Affe mehr, an die Bananen zu kommen? Weil sie das schon immer so gemacht haben! Vielleicht mögen Sie ja Ihrem „affigen" Verhalten auf die Spur kommen und neue Wege beschreiten.

„Die Erfahrung gleicht einer unerbittlichen Schönen.
Jahre gehen vorüber, bis du sie gewinnst und ergibt sie
sich endlich, seid ihr beide alt geworden,
und ihr könnt euch nicht mehr brauchen."

(Carl Ludwig Börne)

Entspannen und loslassen

Es gibt Gedanken, die beißen sich in unseren Gehirnwindungen so richtig fest. Sie führen dazu, dass wir irgendetwas hinterherjagen. Wir versuchen immer wieder etwas zu bekommen, etwas zu greifen, das immer schneller ist als wir. Es scheint fast so, als würde sich das, was wir uns so sehr wünschen, immer mehr entfernen. Dabei werden wir oft immer verzweifelter, immer fixierter.

Wir kennen das wahrscheinlich alle, wenn wir uns daran erinnern, wie das damals war, als wir diesen tollen Mann oder diese tolle Frau kennen gelernt haben, und dann wie gebannt auf das Telefon starrten und darauf warteten, dass dieser wunderbare Mensch uns doch bitte bitte endlich anrufen würde. Oder wenn wir länger Single waren und wir uns sooo sehr einen Partner oder eine Partnerin wünschten, wir waren so fixiert, dass wir immer verkrampfter wurden und niemanden fanden.

In dem Moment, in dem wir dann locker ließen und sogar anfingen, das Single-Dasein zu genießen, dann erschien wie aus dem Nichts der Traummann oder die Traumfrau.

Auch von Verkäufern höre ich oft in meinen Seminaren, dass sie umso schlechter verkaufen, desto mehr sie verkrampft denken: „Ich muss jetzt verkaufen." Genau das spüren die Kunden und verhalten sich dann auch eher zurückhaltend.

Wir behindern immer unser Handeln, wenn das Ersehnte einen zu hohen emotionalen Stellenwert für uns hat. Anstatt also ununterbrochen zu denken: „Ich will jetzt unbedingt einen Partner – jetzt, schnell, sofort auf der Stelle", wäre der Gedanke „Ich brauche nicht unbedingt einen neuen Partner, ich kann auch alleine glücklich sein" viel nützlicher.

Lassen Sie los – entspannen Sie sich! Das bedeutet jetzt nicht, dass Sie kein Interesse an der Sache hätten. Sie können durchaus zu etwas fest entschlossen sein und doch innerlich emotional frei bleiben, also nicht darauf fixiert sein. Menschen, die fixiert und verzweifelt sind, sagen so etwas wie: „Wenn das jetzt nichts wird, dann weiß ich auch nicht mehr weiter."

Entschlossene und innerlich freie Menschen sagen: „Auf die eine oder andere Weise wird das schon alles irgendwie klappen." Was können Sie jetzt ganz konkret tun? Tappen Sie nicht in die Falle mit den Gedanken: „Das und das muss jetzt klappen, das muss so und so sein, damit ich glücklich sein kann."

Tun Sie alles in Ihrer Macht stehende, damit es klappen kann. Anschließend entspannen Sie sich und sagen: „Ich brauche es nicht unbedingt, um glücklich zu sein." Lassen Sie es los. Engagieren Sie sich. Dann lassen Sie den Dingen ihren freien Lauf. Das ist keine Gleichgültigkeit, das bedeutet nur, dass Sie nichts erzwingen und dadurch keine wertvolle Energie verlieren.

„Wer loslässt,
hat beide Hände frei für Neues."

(chinesische Weisheit)

Klopfen Sie sich mal selbst auf die Schulter

Haben Sie sich schon mal selbst gelobt? Ja, natürlich ist es wunderbar, wenn man von anderen Anerkennung und Lob bekommt. Wenn man sich aber zu sehr von dieser Anerkennung durch andere abhängig macht, dann besteht die Gefahr, unglücklich und unsicher zu werden. Sogar das Selbstwertgefühl kann darunter leiden.

Viel konstruktiver ist es, sich die Anerkennung der anderen als zusätzlichen Bonus zu wünschen. Darüber hinaus schenken Sie sich selbst Anerkennung. Dadurch steigern und stabilisieren Sie Ihr Selbstwertgefühl und machen sich unabhängig von der Anerkennung anderer.

Probieren Sie es einfach mal aus: Achten Sie auf die vielen kleinen und großen Dinge, die Sie gut gemacht haben, die Ihnen gut gelungen sind, die Sie getan haben, obwohl Sie dazu gar nicht so recht Lust hatten. Erkennen Sie Ihre positiven Eigenschaften an wie beispielsweise Ihre Aufmerksamkeit, Ihren Überblick, Ihre Organisation, Ihre Kompetenz, Ihre Freundlichkeit, Ihre Geduld. Würdigen Sie Ihre kleinen und großen Erfolge, die Sie im Laufe des Tages erreichen.

Wie geht das jetzt mit dem Eigenlob? Sagen Sie einfach zu sich selbst: „Das habe ich gut gemacht" oder klopfen Sie sich mal selbst auf die Schulter und sagen sich „weiter so". Loben Sie sich einfach, wie Sie auch von anderen gerne gelobt werden oder wie Sie es auch bei anderen tun.

Vielleicht wollen Sie sich auch mal ganz bewusst belohnen, sich etwas Schönes gönnen. Was täte Ihnen denn mal so richtig gut? Tun Sie es, Sie haben es verdient. Spätestens Freitagabend ist ein guter Zeitpunkt, sich selbst nach einer anstrengenden Woche zu belohnen, sich etwas Schönes zu gönnen. Lassen Sie sich etwas einfallen und tun Sie sich etwas Gutes.

Richten Sie für die nächsten Tage Ihre Aufmerksamkeit auf all das, was Ihnen gut gelingt, was Sie richtig gut gemacht haben und loben Sie sich dafür.

„Achten die Menschen sich selbst, so achten Sie gewöhnlich auch die fremde Persönlichkeit."

(Samuel Smiles)

Achte auf deine Gedanken

In unserem Kopf plappern immerzu irgendwelche Stimmen, das Mäusekino zeigt unentwegt irgendwelche Filme und Bilder von den verrücktesten Szenen. Da ist so richtig was los in unserem Gehirn, da feuern die Neuronen, was das Zeug hält.

Achten Sie mal ganz bewusst auf diese inneren Bilder und Stimmen, um dann herauszufinden, wie diese Ihre Wahrnehmung beeinflussen. Vor allen Dingen spüren Sie einmal, welche Gefühle durch diese inneren Bilder und Stimmen entstehen.

Ein einfaches Beispiel: Stellen Sie sich vor, Sie sitzen in der U-Bahn. Es kommt ein Mann in heruntergekommener Kleidung herein und fragt, ob Sie etwas Kleingeld für ihn haben. Sie sehen, dass er nur einen Schuh trägt und denken: „Ach je, der Arme, der hat wohl auch noch seinen Schuh verloren." Sie empfinden Mitgefühl. Sie geben ihm einen Euro und sagen: „Na, Sie haben wohl Ihren anderen Schuh verloren." Er sagt daraufhin voller Freude: „Nein, ich habe einen gefunden!"

Was ist hier passiert? Sie haben etwas objektiv wahrgenommen, nämlich, dass der Mann nur einen Schuh hat. Dann haben Sie das interpretiert: Er hat einen Schuh verloren. Daraus entstand Mitgefühl, was schließlich Ihre Handlung beeinflusst hat. Sie haben diese Situation also aus ihrer Sicht der Welt subjektiv wahrgenommen und automatisch interpretiert. Denn wenn Sie nur einen Schuh anhätten, dann wahrscheinlich deshalb, weil Sie den anderen gerade verloren hätten.

Ihr Wissen und Ihre Weltanschauung steuern also Ihr Denken über die Welt und daraus resultieren auch Gefühle. Mein Tipp für Sie: Wenn Sie einmal ein unangenehmes Gefühl verspüren, dann fragen Sie sich doch einmal, welche Interpretation der Situation und welches Denkkonzept dazu führen konnte. Anders ausgedrückt: Was denken Sie gerade, um die Welt so zu erleben, wie Sie sie gerade erleben?

Wenn Sie das herausgefunden haben, dann können Sie überlegen, was Sie denken müssten, um die Welt anders zu erleben.

„Wenn du etwas verändern willst,
musst du erst einmal herausfinden, was du tust."

(Moschee Feldenkrais)

Positive Vergangenheit

„Hach, wie war das doch schön, als…" – Kennen Sie diese Aussage, wie geht der Satz jetzt weiter? Erinnern Sie sich einmal ganz bewusst an Ihre guten alten Zeiten – denken Sie mal richtig aktiv an schöne Erlebnisse und Momente, die Sie in Ihrer Vergangenheit hatten.

Sicher kommen Ihnen da so einige ganz besondere Erinnerungen in den Sinn. Vielleicht gab es in Ihrer Vergangenheit ein ganz besonderes berufliches Erfolgserlebnis oder einen innigen, sehr berührenden Moment mit einem Menschen, den Sie lieben. Oder ein spannendes, abenteuerliches Urlaubserlebnis, ein gemütliches und fröhliches Beisammensein mit Freunden, ein ganz besonders schöner Moment nur mit Ihnen selbst, in dem Sie ganz bei sich waren, mit sich und der Welt vollkommen im Reinen? Möglicherweise war es auch ein intensives Naturerlebnis, das Sie gerade in die Welt der Tagträume entführt hat.

Erinnern Sie sich an all die Highlights der letzten Jahre. Vielleicht lassen Sie Menschen, die Ihnen wichtig und nahe sind, an Ihren Erinnerungen auch teilhaben. Schwelgen Sie einmal ganz bewusst in wundervollen Erinnerungen, wann immer es irgendwie geht.

Genießen Sie diese Momente und erinnern Sie sich an so viele Details wie möglich. Wie sah es da eigentlich genau aus? Was hatten Sie an? Wer war eventuell noch da? Wie war das Wetter an diesem Tag? Welche Gerüche lagen in der Luft. Welche Geräusche waren um Sie herum? Und wie genau haben Sie sich in diesen Momenten gefühlt?

Schöpfen Sie Kraft und Energie für die Gegenwart, indem Sie sich ganz bewusst diese Momente vor Ihrem inneren Auge hervorrufen. Sie werden feststellen, wie diese Sie erneut verzaubern können und auch einen düsteren Tag zumindest ein kleines bisschen aufhellen können.

„Jetzt sind die guten alten Zeiten, nach denen Sie sich in zehn Jahren zurücksehen werden."

(aus Russland)

Werden Sie Gestalter Ihres Lebens

Verantwortung für unser Leben zu übernehmen – das ist unser heutiges Thema. Klar, es ist natürlich bequem, wenn man den anderen und der Welt die Schuld für alles in die Schuhe schieben kann. Man kann sich dann auch so schön beklagen, sich selbst bedauern und schließlich kann man ja auch gar nichts dafür. Wir sagen dann gerne: „Ja, was soll ich denn machen, ich bin doch auch nur ein kleines Rädchen von vielen? Was kann ich schon anrichten? Ich häng' da halt so drin im Leben."

Sind wir denn etwa Marionetten? Sind wir nur Teil eines längst geschriebenen Theaters namens „Leben", werden wir als Individuen passiv, beinahe teilnahmslos geführt?

Wer hält denn die Fäden in der Hand? – Wir natürlich! Und genauso haben wir die Möglichkeit diese Fäden abzuschneiden und unser Leben frei zu gestalten.

Konzentrieren Sie sich einmal ganz intensiv auf die Gestaltung Ihres Lebens. Werden Sie nicht zum Opfer Ihrer eigenen Passivität. Fragen Sie sich immer, was Sie tun können, damit es Ihnen besser geht oder damit eine Situation besser wird. Was können Sie aktiv verändern? Abhängigkeit führt zu Ohnmacht. Sie sind *ohne* Macht. Wollen Sie das? Das fühlt sich auf Dauer nicht gut an, oder?

Machen Sie sich unabhängig und werden Sie eigenmächtig. Tun Sie alles, was Sie tun können – Sie haben die Kraft dies zu tun! Besinnen Sie sich dabei auf Ihre Stärken. Entscheiden Sie sich zu handeln und kommen Sie immer wieder auf die Füße, wenn Sie mal gestolpert sind.

Sie alleine haben die Verantwortung für Ihr Leben. Nehmen Sie es in die Hand, gestalten Sie es. Ihre innere Überzeugung, die Sie über sich und die Welt haben, führt Sie in die Opferrolle oder eben in die Gestalterrolle. Sie haben die Wahl.

Vertrauen Sie in sich und Ihre Fähigkeiten, packen Sie Ihr Leben an, greifen Sie zu.

„Wer, wenn nicht du,
und wann, wenn nicht jetzt?“

(Quelle unbekannt)

Werden Sie ein Möglichkeitenseher

Der amerikanische Theologe und Autor Norman Vincent Peale hat im letzten Jahrhundert eine bemerkenswerte Alternative zum Optimisten, Pessimisten und Realisten entwickelt: den Possibilitaristen oder auf Deutsch: den Möglichkeitenseher. Damit meint er Menschen, die immer mehrere Alternativen sehen und sich stets bewusst sind, dass sie die Wahl haben.

Drei Tipps, wie Sie ein Possibilitarist werden:

1. Nehmen Sie wahr, was noch da ist

Öffnen Sie alle Ihre Sinne, weiten Sie den Blick, spitzen Sie die Ohren, schnuppern Sie eine neue Fährte. Wie würde jemand diese Situation erleben, der von außen drauf schaut? Wie würden Sie über diese aktuelle Situation in zehn Jahren denken?

Je mehr Stress Sie empfinden, desto enger ist Ihre Wahrnehmung. Bleiben Sie locker in den Knien, atmen Sie aus, entspannen Sie Ihre Schultern und Ihren Kopf. Gehen Sie noch einmal ganz entspannt an die Sache ran - und Sie werden neue Sichtweisen entdecken.

2. Denken Sie und blicken Sie über den Tellerrand

Lassen Sie sich nicht einengen durch die Vorstellungen, Überzeugungen und Befürchtungen, die Sie und andere gegenüber der Zukunft entwickelt haben. Gewöhnen Sie sich daran, über den Tellerrand hinaus zu denken und zu allen Gedanken, die in Ihnen aufsteigen, Alternativen zu entwickeln.

Norman Vincent Peale sagt: „Ganz gleich, wie trüb die Dinge aussehen oder wirklich sind, heben Sie Ihren Blick und sehen Sie die Möglichkeiten – tun Sie das immer, denn auch Möglichkeiten gibt es immer.“

3. Wenn zwei sich streiten, freut sich der Dritte

Diesen alten Spruch kennen Sie bestimmt. Bei Meinungsverschiedenheiten ob in der Ehe, im Beruf oder im anderen Umfeld treffen meist zwei unterschiedliche Standpunkte aufeinander. Es gibt scheinbar nur diese zwei Alternativen.

Der Possibilitarist denkt sich: „Hmm, vielleicht hat ja keiner von uns beiden recht. Weichen Sie die Konfrontation auf, indem Sie gemeinsam mindestens zwei andere Standpunkte oder Alternativen entwickeln."

„In der Mitte der Schwierigkeiten liegen die Möglichkeiten."

(Albert Einstein)

Die guten alten Gewohnheiten verabschieden

Wollen Sie unliebsame Gewohnheiten ändern? Wollen Sie es wirklich?

Haben Sie schon eine Idee, was Sie gerne ändern wollen? Denn bevor Sie eine Gewohnheit ändern, sollten Sie sich erst einmal bewusst sein, wie Ihre Gewohnheit ganz konkret aussieht. Was tun Sie überhaupt? Wann tun Sie das?

Außerdem ist es wichtig, den Sinn und das Motiv zu finden, wozu es gut sein sollte, diese Gewohnheit tatsächlich zu ändern. Wozu ist es gut? Überlegen Sie sich auch, wer oder was gegen Ihre Veränderung sprechen könnte. Möglicherweise ist es ja auch gar nicht so sinnvoll, sich eine neue Angewohnheit anzugewöhnen oder eine alte abzugewöhnen.

Wenn Sie sich darüber klar geworden sind, entscheiden Sie sich, wann Sie damit beginnen. Setzen Sie einen festen Termin in Ihrem Kalender. Schreiben Sie dort hinein, am besten mit Rotstift: „Ab heute verändere ich..."

Jetzt kommt das Handeln: Was tun Sie ganz genau? Wie tun Sie das? Was genau ändern Sie? Stellen Sie sich bis ins kleinste Detail bildhaft vor, wie Ihr geändertes Verhalten aussieht. Sehen Sie sich vor Ihrem geistigen Auge anders handeln, anders reden, anders bewegen. Jetzt sind Sie bereit dazu, tatsächlich zu handeln, alte Gewohnheiten abzulegen und neue anzunehmen. Wichtig ist es, auch tatsächlich ins Handeln zu kommen.

Die Wurzel von allem ist die Willenskraft. Ohne die geht es gar nicht. Was hilft Ihnen, wenn Sie mal schwach werden. Was tun Sie dann? Was hilft Ihnen, Ausdauer zu zeigen? Überlegen Sie sich einen „Notfallplan", der dann ins Spiel kommt, wenn Sie nicht mehr das tun, was Sie eigentlich tun wollen – also ein Plan, der Ihnen hilft, Ihre Willenskraft zu stärken.

Machen Sie sich auch Ihren Energieeinsatz bewusst. Sind Sie wirklich bereit für das neue, andere Verhalten 100 Prozent zu geben? Überlegen Sie sich ganz genau, ob Sie tatsächlich bereit sind, diesen Preis zu zahlen, denn es kostet immer Energie. Und diese Energie sollten Sie haben. Ohne innere Stärke wird es sehr schwer, sich etwas Neues anzugewöhnen.

Steter Tropfen höhlt den Stein: Die Wiederholung ist von großer Bedeutung. Wie oft und wann haben Sie die Möglichkeit, das neue Verhalten zu üben und zu leben, immer und immer wieder. Koppeln Sie es möglichst an alltägliche Tätigkeiten, die Sie sowieso immer wieder tun. So denken Sie beispielsweise beim Zähneputzen an die neue Gewohnheit wie beispielsweise an die Verwendung von Zahnseide.

„Der Wunsch, etwas zu ändern ist anfangs oft nur ein unscheinbares Samenkorn. Aber es liegen ungeahnte Kräfte darin verborgen. Lege es in die Erde der Zuversicht, bewahre es vor den Dornen des Alltags, beschütze es vor dem Wind der Gewohnheit, dann wird es wachsen und herrliche Blüten treiben."

(Jochen Mariss)

Mut tut gut!

Schleppen Sie auch kleinere und größere Ängste mit sich herum? Heute gilt es, einige dieser Ängste zu überwinden. Jeder Mensch hat bewusste und unbewusste Ängste und Blockaden. Diese hindern uns ganz oft daran, Dinge einfach auszuprobieren oder uns weiterzuentwickeln, neue und interessante Erfahrungen zu machen.

Ich erinnere mich noch sehr gut daran, was mir alles durch den Kopf gegangen ist, als ich meinen allerersten Vortrag vor einem großen Publikum gehalten habe. Da gab es schon ein Teil in mir, dem war es gar nicht so richtig wohl dabei, der dachte immer nur daran, was alles schief gehen könnte. Hätte ich damals auf diesen inneren Anteil gehört und mich aus lauter Angst nicht vor großes Publikum gewagt, dann würde ich wahrscheinlich bis heute nicht vor vielen Menschen sprechen. Das wäre wirklich sehr schade, denn ich habe heute sehr viel Spaß daran und möchte diese Erfahrungen in meinem Leben auf gar keinen Fall missen.

Spannend war auch, welche inneren Widerstände ich überwinden musste, als ich vor einigen Jahren das erste Mal klettern ging und dabei lernte, dass mein Leben an einem einzigen Seil hing – und das in schwindelerregender Höhe. Es ist gut, ab und zu etwas Neues auszuprobieren, sich seinen Ängsten zu stellen und neue Erfahrungen zu sammeln. Hinterher sind wir dann so richtig stolz und zufrieden mit uns.

Sie wissen sicherlich genau, was ich meine? Sie kennen dieses Gefühl? Welche Erfahrungen möchten Sie in den nächsten Tagen machen, vor denen Sie bis jetzt immer ein bisschen Angst hatten?

Wenn wir unsere Ängste und Blockaden zu lange mit uns herumschleppen, dann gewöhnen wir uns irgendwann an sie. So kann es sein, dass wir sie als Belastung erleben oder dass wir unser Leben langweilig finden. Wir meinen, irgendwie nicht mehr richtig voran zu kommen, stehen zu bleiben. Wie denn auch vorankommen, wenn die Handbremse angezogen ist? Wir schränken uns durch unsere Ängste immer mehr ein.

Schauen Sie einmal, in welchen Bereichen Ihres Lebens Sie die Handbremse angezogen haben und welche Ängste es sind, die Sie blockieren. Fragen Sie sich, was das allerschlimmste wäre, was passieren könnte. Ja, schauen Sie

Ihrer Angst direkt ins Gesicht. Stellen Sie sich Ihrer Angst. Spielen Sie den Katastrophenfall durch. Fragen Sie sich dann, ob dadurch Ihr Leben bedroht wird. Wenn nein, überlegen Sie sich, wie Sie sich dann in diesem schlimmsten Fall selbst helfen würden, wie Sie da wieder rauskämen.

Sobald Sie Rettungsstrategien für das Worst-Case-Szenario entwickelt haben, kann Ihnen nichts mehr passieren, oder? Verabschieden Sie sich freundlich von Ihrer Angst und wagen Sie dann den ersten Schritt.

„Der größte Fehler, den man im Leben machen kann, ist immer Angst zu haben, einen Fehler zu machen."

Dietrich Bonhoeffer

Success
IDEA
money
motivation
Team

Ich meine zu wissen, was du denkst

Kennen Sie das auch: Manchmal glauben wir zu wissen, was der andere denkt. Diese Art von Gedankenlesen kann für die Kommunikation und für die zwischenmenschliche Beziehung sehr unangenehm und sogar ein bisschen gefährlich sein.

Das wohl berühmteste Beispiel zum Thema „Ich weiß doch, was der andere denkt“, stammt vom berühmten Kommunikationswissenschaftler Paul Watzlawick. In seinem wunderbaren Buch „Anleitung zum Unglücklichsein“ erzählt er die Geschichte von dem Mann, der sich bei seinem Nachbarn einen Hammer ausleihen möchte.

Zusammengefasst passiert hier folgendes: Der Mann, der sich von seinem Nachbarn diesen Hammer ausleihen möchte, macht sich auf den Weg zu ihm und währenddessen kommen ihm Gedanken wie „Was, wenn er mir den Hammer nicht ausleihen will“ und „Gestern hat er mich nur flüchtig gegrüßt und ziemlich kurz abgefertigt“ und „Außerdem war er ausgesprochen unhöflich, er hält sich wohl für etwas Besseres, was bildet der sich eigentlich ein". Er gerät mit seinen Gedanken derart in Rage, dass er schließlich beim ahnungslosen Nachbarn anklopft, und als der ihm dann öffnet, staucht er ihn zusammen mit den Worten: „Behalten Sie doch Ihren Hammer, Sie Rüpel, Sie!"

Vielleicht denken Sie jetzt, das ist doch irgendwie übertrieben, so blöd ist doch keiner. Doch haben wir im Grunde nicht alle schon mal ähnliche Erfahrungen gesammelt? Vielleicht nicht gar so extrem, aber doch in vergleichbarer Form?

Wie oft haben Sie schon geglaubt, dass Sie die Gedanken und Absichten anderer Menschen kennen würden? Das kommt viel häufiger vor, als wir denken, oder? Achten Sie einmal ganz gezielt darauf.

Wenn Sie glauben zu wissen, dass jemand etwas Bestimmtes von Ihnen erwartet, setzen Sie sich selbst unter Druck. Besser ist es, Sie fragen einfach nach, was der andere ganz konkret von Ihnen erwartet. Oder, wenn Sie denken, dass jemand sauer auf Sie ist oder irgendein Problem mit Ihnen hat, dann werden diese Gedanken auch Ihr Verhalten und Ihre Kommunikation diesem Menschen gegenüber negativ beeinflussen. Sprechen Sie also lieber offen an, was möglicherweise zwischen Ihnen stehen könnte.

Wir sehen beim anderen überwiegend das, was wir sehen wollen und beurteilen vor dem Hintergrund unserer eigenen Denkmuster und Erfahrungen. Doch wir liegen nicht immer richtig mit der Ansicht, dass die Welt genauso ist, wie wir sie wahrnehmen. Das sollten wir uns immer wieder bewusst machen. Unsere Umwelt beeinflusst nicht nur unser Verhalten, sondern unser Verhalten auch unsere Umwelt.

Alles steht in Wechselwirkung zueinander und wir konstruieren uns unsere Wirklichkeit selbst. Wir beeinflussen also auch das Verhalten unseres Gegenübers maßgeblich durch unsere eigenen Gedanken und Taten. Wenn wir uns klar machen, dass die Welt, wie wir sie sehen, ein Konstrukt ist, vermeiden wir auch das gefährliche Gedankenlesen.

„Der Glaube, es gäbe nur eine Wirklichkeit, ist die gefährlichste Selbsttäuschung."

(Paul Watzlawick)

Go to bed EARLY
SAY YES!!!
Eat at
more often!
Take an ART class
TRAVEL to a NEW PLACE

Sinn und Unsinn guter Vorsätze

Gehören auch Sie zu den Menschen, die zu bestimmten Gelegenheiten wie beispielsweise an Silvester oder nach einem Seminar einen guten Vorsatz fassen und irgendetwas verändern wollen?

Rund 18% der deutschen Raucher nehmen sich laut Statistik zum neuen Jahr vor, mit dem Rauchen aufzuhören. Doch nur 3% halten das auch wirklich durch. Ganz weit vorne bei den guten Vorsätzen steht mehr Zeit mit der Familie und mit Freunden zu verbringen, gefolgt von Stress abbauen und vermeiden, Sport treiben und sich gesünder ernähren.

Gerade zu Jahresbeginn steigt tatsächlich die Nachfrage nach Ernährungsberatung, Diätpillen und auch Fitnessstudios freuen sich am Jahresanfang über den Zulauf. Doch seien wir mal ehrlich, das ist alles ganz nett, doch ist der Frust bei diesen Vorsätzen meistens vorprogrammiert. Denn kaum einer bleibt dauerhaft am Ball. Ganz besonders deshalb, weil man sich gerne viel zu viel vornimmt.

Schon Otto von Bismarck sagte so schön: „Man kann immer nur einen Hasen jagen." Das heißt, wir sollten uns erst einmal ein Ziel setzen, an einer Veränderung arbeiten. Erst wenn das erfolgreich war, gehen wir das nächste Projekt an.

Allein ein Datum wie der 1. Januar kann wohl kaum die Motivation dafür sein, sich zu verändern und sein Leben auf den Kopf zu stellen. Vielmehr kommt es auf die innere Motivation, die Einstellung und vor allen Dingen auf die Willenskraft an. Natürlich hat so ein Jahresanfang oder ein anderer Tag des scheinbaren Bruchs mit dem Alten schon eine gewisse Magie, einen Zauber.

Hier ist es vorteilhaft, sich das alte Jahr bewusst durch den Kopf gehen zu lassen, zusammenzufassen und sich über das neue Jahr Gedanken zu machen. Das machen wir im besten Fall auch schriftlich. Dann hängen wir an die Tür oder an eine Wand vielleicht nur einen einzigen Satz, ein Schlüsselsatz, der eine Art Motto für das ganze Jahr sein soll. Diesen Satz lesen wir automatisch jeden Tag und er hilft uns, uns immer wieder darauf zu besinnen, was uns in diesem Jahr besonders wichtig ist, worauf wir unseren Fokus richten wollen. Dieser Satz unterstützt uns, den Kurs zu halten.

Trotz alledem ist eine gewisse Flexibilität wichtig. Denn manche Ereignisse, die man vorher gar nicht planen kann, passieren eben einfach und verlangen oft den Mut, seinen Fokus neu zu setzen und seinen Kurs zu korrigieren.

„Leben ist, was uns zustößt, während wir uns etwas ganz anderes vorgenommen haben."

(Henry Miller)

Rezept gegen die Aufschieberitis

Haben Sie sich auch schon mal etwas vorgenommen und sich dann erfolgreich davor gedrückt, das letztendlich auch zu tun, das ganze umzusetzen? Zuerst verschiebt man es auf den nächsten Tag, dann auf die nächste Woche und irgendwann landet es auf dem Stapel oder in der Kiste genau derer Sachen, deren Anblick allein uns schon Bauchschmerzen bereitet.

Ja, ich glaube, wir haben alle unsere Spezialprojekte. *Eigentlich* sollten wir endlich mal – aber irgendwie kommt da immer irgendetwas dazwischen, denn es gibt ja auch noch so viele andere Dinge, die wir ja auch tun sollten. Doch diese Ausreden beruhigen allerhöchstens unser schlechtes Gewissen, und es steigert sich das negative Gefühl, welches wir bei dieser „Aufschieberitis" empfinden, je größer der Stapel wird.

Mein Tipp: Lieber Mini als nix! Was meine ich damit? Gegen „Aufschieberitis" helfen Mini-Schritte. Schließlich ist ein Mini-Schritt in Richtung Ihres Vorhabens, sei er noch so klein, immer besser als Stillstand. Mini-Schritt heißt, dass Sie nur so viel für Ihr Vorhaben tun, wie Sie sich gerade noch gut fühlen und sich dabei selbst sagen hören: „Das ist jetzt gar nicht so schwer, das ist jetzt gar nicht so schlimm, das könnte ich ja mal schnell kurz machen."

Seien es nur 10 Minuten Brain-Storming oder 15 Minuten, um sich über ein Projekt Gedanken zu machen, ein kurzer Anruf, eine kleine Internet-Recherche, wichtig ist, dass Sie sich genau an diese Vereinbarung halten und nicht daraus plötzlich eine Stunde werden lassen. So lernen Sie, dass Sie Ihr eigenes Versprechen auch halten, dass Sie sich quasi auf sich selbst verlassen können.

Nach den 10 Minuten stellen Sie wahrscheinlich sehr zufrieden fest: „Ich hab's getan – und es war gar nicht so schlimm!" Es hat vielleicht sogar ein kleines bisschen Spaß gemacht. Es fühlt sich gut an, denn Sie haben ein erstes, wenn auch kleines Erfolgserlebnis. Erfolgserlebnisse sind das, was uns motiviert weiterzumachen. Und mit diesem Erfolgserlebnis haben Sie den Grundstein dafür gelegt, dass Sie dann den nächsten kleinen oder größeren Schritt wagen können.

Sammeln Sie also Erfolgserlebnisse in kleinen Mini-Schritten.

„Wenn Sie nicht das tun, was Sie tun sollten,
dann tun Sie wenigstens das, was Sie tun können."

(Quelle unbekannt)

Leben Sie Ihre Gefühle

Kennen Sie das: Ihr Leben erscheint Ihnen schon gut, ausgefüllt, alles ist soweit in Ordnung, aber irgendwie fühlen Sie sich innerlich leer und energielos.

An manchen Tagen bekommen Sie dieses Energieloch besonders zu spüren, da gewinnt es richtige Macht über Sie. Vielleicht fragen Sie sich sogar ab und an, wo Ihre Lebensfreude eigentlich geblieben ist. Sie fühlen sich müde, lustlos und kraftlos.

Natürlich wissen wir, dass Bewegung, frische Luft und gesunde Ernährung uns helfen, wieder mehr Kraft und Energie zu bekommen. Wenn wir gut zu uns sind, dann halten wir uns auch an diese doch so einfachen Tipps.

Dennoch fühlen wir uns manchmal einfach leer und unerfüllt. Es mangelt uns an seelischer positiver Energie, an erfüllenden Emotionen, wie zum Beispiel Leidenschaft, Begeisterung, Freude oder Hoffnung.

Unternehmen Sie in den nächsten Tagen etwas, was Ihren Gefühlshaushalt mit neuer Energie versorgt. Seien Sie in gutem Kontakt mit Ihren Gefühlen, nehmen Sie diese wahr und geben Sie ihnen Raum. Freuen Sie sich über Kleinigkeiten, begeistern Sie sich. Schauen Sie näher hin, entdecken Sie kleine Wunder. Seien Sie einfach neugierig.

Wahrscheinlich ist auch Ihr Alltag angefüllt mit Pflichten und Verantwortung – natürlich! Viele Menschen und Aufgaben verlangen von Ihnen Aufmerksamkeit. Umso wichtiger ist es, mit seiner Aufmerksamkeit auch bei sich zu bleiben. Verlangen Sie von sich bitte nicht, immer nur gut gelaunt zu sein und die Welt anzustrahlen.

Es gibt eben auch Momente oder auch ganze Tage, da sind Sie einfach nicht gut drauf. Und das darf auch mal sein. Lassen Sie auch diese Emotionen zu. Es nutzt wenig, Wut, Angst, Trauer oder Ärger einfach immer nur herunterzuschlucken und sich zusammenzureißen. Das kostet nämlich extrem viel Kraft und: Verdrängtes kommt immer wieder hoch – auf die eine oder andere Weise, früher oder später!

Besser ist:
Weinen Sie, ärgern Sie sich – aber richtig – und seien Sie wütend, schreiben Sie Ihre Wut auf große Zettel, die Sie

anschließend zerknüllen und in die Ecke feuern oder verbrennen. Bleiben Sie am Wochenende ruhig im Bett und jammern Sie, bis Sie sich leer gejammert haben. Dann stehen Sie auf und umarmen das Leben. Laden Sie Ihre Gefühle ein, leben Sie sie, sorgen Sie ganz aktiv für gute und erfüllende Gefühle.

„Wenn du am Morgen erwachst, denke daran,
was für ein köstlicher Schatz es ist,
zu leben, zu atmen und sich freuen zu können."

(Mark Aurel)

Entweder - oder... oder beides?

Ist Ihnen schon einmal aufgefallen, wie sehr wir unsere Wahlmöglichkeiten durch ein „Entweder-oder" einschränken? „Entweder wir machen das so oder so. Entweder wir verzichten auf dieses oder auf jenes. Entweder wir entscheiden uns für das eine oder das andere." Dabei gibt es meistens viel mehr Möglichkeiten, die wir in diesem Moment einfach nicht sehen oder wahrnehmen.

Hinterfragen Sie doch einfach mal dieses „Entweder-oder". Fragen Sie beim nächsten „Entweder-oder": Gibt es wirklich nur das eine oder das andere? Wie wäre es mit „keins von beiden"? Und welche Auswirkungen hätte das? Wie könnte ein „beides" funktionieren und welche Auswirkungen hätte das?

Ein ganz einfaches Beispiel: „Entweder gehen wir heute ins Kino oder wir gehen etwas Feines essen." Wie könnte beides funktionieren? „Wir gehen erst etwas essen und dann in die Spätvorstellung." Welche Auswirkungen hätte das? Ja, unter anderem wäre unser Budget für diesen Abend etwas mehr als ursprünglich geplant. Wie wäre es mit keines von beiden? Wir bleiben gemütlich zu Hause und genießen ein gutes Glas Wein. Und welche Auswirkungen hätte das?

Ein anderes Beispiel: „Entweder mache ich Karriere oder wir gründen eine Familie." Wie könnte beides funktionieren? „Ich mache Karriere und wir organisieren uns so, dass wir auch eine Familie gründen können." Wie wäre keines von beiden? „Weder Familie, noch Karriere – wir wandern aus und engagieren uns bei einer Entwicklungshilfe."

Das sind jetzt hier ganz einfache Beispiele, doch die Grundstruktur dieses Hinterfragens von diesem „Entweder-oder" ist dadurch sehr deutlich geworden. Öffnen Sie Ihre Wahrnehmung für andere Möglichkeiten, die auch noch vorhanden sind, und seien Sie gespannt, was Sie noch alles entdecken, wenn Sie das „Entweder-oder" systematisch hinterfragen.

„Wir brauchen nicht so fortzuleben, wie wir gestern gelebt haben.
Macht Euch nur von dieser Anschauung los,
und tausend Möglichkeiten laden uns zu neuem Leben ein."

(Christian Morgenstern)

Dinge einfach mal anders tun

Ich lade Sie ein, einmal bewusst mit Ihren Routinen zu brechen, bewusst Dinge anders zu machen, als Sie es sonst stets tun, Gewohnheiten bewusst wahrzunehmen und diese dann mit Freude zu brechen.

Vielleicht fragen Sie sich: Wozu soll denn das überhaupt gut sein? Es ist gut für Sie und für Ihr Gehirn! Wird das Gehirn tagtäglich immer nur mit Altbekanntem, mit Routinen konfrontiert, dann muss es sich gar nicht anstrengen.

Alles, was wir kennen, wird sozusagen automatisch vom Gehirn abgearbeitet, ohne dass sich das Gehirn in irgendeiner Art und Weise aktiv auseinandersetzen muss. Das führt zum einen dazu, dass unser Gehirn in seinen festgefahrenen Bahnen langsam aber sicher einrostet. Zum anderen sorgt dieser Autopilot manchmal für ein Gefühl wie „Ich lebe irgendwie an meinem Leben vorbei“ oder „Nicht ich lebe mein Leben, sondern mein Leben lebt mich“.

Wir können unsere Bewusstheit für unser Leben steigern und die Flexibilität unseres Gehirns trainieren, indem wir unserem Gehirn Informationen anbieten, die es nicht kennt. Das nennt man auch Neurobics: was wörtlich nichts anderes meint als Aerobic für Neuronen. Neurobics wurde von dem Neurologen Lawrence Katz entwickelt. Er sagt, dass die mentalen Fähigkeiten genauso wie die Muskeln durch entsprechende Übungen trainiert werden können. Neurobics macht laut Katz kreativ und schlau, weil neuronale Verbindungen entstehen und Ihr Gehirn gefordert wird.

Wie funktioniert das? Das tägliche Leben ist die Spielwiese für die Übungen. Diese Übungen können Sie überall und zu jeder Zeit ausführen. Fangen Sie am besten klein an.

Einige Beispiele dazu: Wechseln Sie doch mal morgens am Frühstückstisch die Sitzordnung, setzen Sie sich einfach mal um und schauen Sie mal, wie Ihre Küche, Ihr Esszimmer aus dieser Perspektive ausschaut. Putzen Sie Ihre Zähne mal mit der anderen Hand. Laufen Sie mal eine Treppe rückwärts hoch. Duschen Sie mit geschlossenen Augen und achten Sie darauf, was Sie dabei alles fühlen und hören. Fahren Sie mal einen anderen Weg zur Arbeit, kaufen Sie Ihre Frühstücksbrötchen mal bei einem anderen Bäcker. Probieren Sie ein besonders exotisches Essen oder legen Sie einfach mal die Armbanduhr um das andere Handgelenk.

Durch die Konfrontation mit Neuem wird das Gehirn in die Lage versetzt, neue neuronale Bahnen im Gehirn auszubilden. Die Routinen des Alltags werden durchbrochen, dem Gehirn werden Informationen angeboten, die es sonst in dieser Form nicht geboten bekommt.

Der Leitspruch von Neurobics lautet: Doing things differently. Was werden Sie jetzt einfach mal anders machen, welche Routinen werden Sie brechen?

„Gewohnheiten machen alt, jung bleibt man durch die Bereitschaft zum Wechsel."

(Quelle unbekannt)

Frisch verliebt

Heute lade ich Sie dazu ein, sich neu in Ihren Partner zu verlieben. Warum sollen wir uns neu in den „alten" Partner verlieben? Ganz einfach – weil es gut tut, weil es Ihrer Beziehung frischen Wind gibt und weil es sowohl Sie selbst als auch Ihren Partner glücklich macht. Und außerdem, es macht einfach Spaß!

Je länger wir in einer Beziehung leben, desto eher schleichen sich Routinen ein. Selbstverständlich hat das auch Vorteile, wenn man sich auf Vertrautes verlassen kann. Es gibt uns Sicherheit und man erspart sich oft Zeit oder Diskussionen. Die Kehrseite dieser Medaille ist jedoch, dass uns vor lauter Routinen manchmal der Kick fehlt, Neues auszuprobieren.

Oder Sie spüren dieses Kribbeln und trauen sich nicht, diesem zu folgen. Sie sehen ein frisch verliebtes Paar, wie es sich am Bahnhof überwältigt vor Freude in die Arme fällt, und obwohl Sie sich danach sehnen, schaffen Sie es nicht, Ihren Partner ebenso überschwänglich zu begrüßen, da Sie es ja sonst auch nicht tun.

Dann erinnern Sie sich an damals. *Damals,* als Sie frisch verliebt waren, vor Aufgeregtheit und guter Laune überschäumten. Wie viel Energie hatten wir da? Wie oft, wie lange, wie intensiv haben wir miteinander gesprochen. Und – ach ja – wir haben so viel gelacht, wie sehr haben wir uns für diesen Menschen begeistert, uns Mühe gegeben, ihn zum Lächeln zu bringen, hatten tolle Ideen und waren kreativ. Wir zeigten uns von unserer allerbesten Schokoladenseite.

Ja, und manchmal haben wir sogar ein paar ganz verrückte Dinge getan, über die wir heute denken, dass Sie schon sehr unvernünftig oder gar kindisch waren. Aber egal – wir haben es ausgiebig genossen. Es war fantastisch, so unvernünftig zu sein, denn wir fühlten uns so stark, so kraftvoll – uns gehörte die ganze Welt.

Wir wissen, dass dieses Verliebtsein ein Ausnahmezustand unseres Körpers und unseres Gehirns ist. Es wäre natürlich vollkommen fatal, wenn dieser Ausnahmezustand ein Dauerzustand wäre. Daher verändert sich das mit dem Verliebtsein auch im Laufe der Zeit. Dennoch: Wäre es nicht wunderbar, mal wieder ein kleines bisschen mehr in seinen Partner verliebt zu sein?

Erinnern Sie sich an die Zeit, als Sie beide so richtig über beide Ohren ineinander verliebt waren? Was haben Sie getan – oder, was haben Sie nicht getan? Haben Sie sich ab und zu kleine Liebesbriefchen zugesteckt? Vielleicht Ihrem Partner die Augen verbunden und mit kulinarischen Köstlichkeiten verwöhnt und überrascht? Oder haben Sie Rosenblüten im Bett verteilt? Sie haben diesen Menschen angeschaut, seine Schönheit betrachtet, verliebten sich in jedes Detail und konnten einfach nicht genug davon bekommen.

Was du deinem Partner gibst, lässt einen reicheren, tieferen Sinn in deiner Beziehung entstehen. Je mehr du gibst, um so mehr wirst du empfangen

(Chuck Spezzano)

Ausdruck erzeugt Eindruck

Kennen Sie auch Menschen, die einen Raum betreten und denen sofort alle Aufmerksamkeit zuwenden? Obwohl sie kein einziges Wort gesagt haben, sind alle ganz Ohr. Solchen Menschen sieht man offensichtlich an, dass sie etwas Besonderes sind oder etwas Besonderes zu sagen haben. Wie entsteht eine solche Wirkung?

Natürlich gehört Charisma dazu, um eine solche Wirkung zu erzielen. Charisma ist keine von Gott gegebene Gnade – jeder kann etwas dafür tun, um sein Charisma zu steigern. Die wichtigste Voraussetzung für diese besondere Ausstrahlung ist, ganz „bei sich zu sein“. Und das wird vor allem über die Körpersprache transportiert.

Damit meine ich nicht, sich krampfhaft die „richtige“ Körpersprache anzutrainieren, sie sich überzustülpen wie eine „fremde Haut“. Nur die Entwicklung des eigenen Selbstbewusstseins, die Aufmerksamkeit für mich selbst, die Klarheit meiner Persönlichkeit, die Authentizität und Selbstliebe können die Ausstrahlung tatsächlich verändern.

Schauen Sie sich Ihre eigene, persönliche Körpersprache doch einmal an – am besten vor einem großen Spiegel! Achten Sie ganz besonders auf Ihre Körperhaltung, auf die Bewegung (Gestik) und auf Ihr Gesicht (Mimik). Wie wirkt diese Person, die da vor Ihnen steht? Fühlen Sie sich wohl in Ihrer Haut? Welche Botschaft strahlen Sie aus? Welche Wirkung mögen Sie wohl auf andere erzielen?

Spielen Sie einmal mit Ihrer Haltung: Lassen Sie die Schultern mal nach vorne fallen und ziehen Sie sie hoch. Kippen Sie Ihr Becken nach vorne oder nach hinten. Lassen Sie Ihren Kopf hängen oder tragen Sie ihn hoch erhoben. Entspannen oder straffen Sie Ihren ganzen Körper. Machen Sie sich mal klein und mal ganz groß. Lassen Sie Ihre Arme an der Seite baumeln, verschränken Sie sich vor dem Körper oder auch mal hinter dem Rücken.

Beobachten Sie Ihren Gesichtsausdruck: Wann sehen Sie müde aus, wann strahlend? Wann nachdenklich, wann begeistert? Wie gefallen Sie sich am besten? Zeigen Sie Gefühlsregungen – Menschen mit einem Pokerface wirken unsympathisch und sogar unheimlich.

Finden Sie Ihren Standpunkt, indem Sie geerdet stehen, also nicht von einem Fuß auf den anderen treten. Bleiben Sie locker – verkrampfte, angespannte Menschen wirken wenig selbstbewusst. Atmen Sie tief in den Bauch hinein, auch das wirkt entspannend, es kommt mehr Sauerstoff in

Ihr Gehirn, die Stimme bekommt mehr Kraft und Klang, Sie haben einen längeren Atem – das alles steigert Ihre Strahlkraft, Ihre Selbstsicherheit.

Optimieren Sie all diese Details, indem Sie Stück für Stück am besten vor dem Spiegel an Ihrem Ausdruck, an Ihrem Auftritt, an Ihrer Ausstrahlung arbeiten.

„Der Körper ist der Handschuh der Seele,
seine Sprache das Wort des Herzens."

(Samy Molcho)

Und was sagt mein Bauch dazu?

Haben Sie schon mal bemerkt, wie sich Ihre Schulter- oder Nackenmuskulatur verspannen, wenn Sie unter Zeitdruck oder Stress stehen? Oder bekamen Sie schon mal ein Magengrummeln oder Kribbeln, weil Sie vor einem wichtigen Termin aufgeregt waren? Achten Sie einmal ganz bewusst auf Ihren Bauch, beziehungsweise Ihren Körper. Der Körper ist nämlich der Spiegel unseres Denkens. Und der äußert sich unter anderem durch Muskelverspannungen.

Manche Körperreaktionen sind sehr offensichtlich und schnell bemerkt, doch andere sind sehr fein und entgehen manchmal unserer Aufmerksamkeit. Dabei sind auch die kleinen Regungen des Körpers sehr hilfreich, weil sie uns auf unsere Gedanken aufmerksam machen. Verspannungen oder Magengrummeln sind deutlich Zeichen für Gedanken, die den Körper stressen – daher auch die direkte körperliche Reaktion.

Lenken Sie jetzt Ihre Gedanken in eine andere Richtung und beobachten Sie ganz genau, was mit Ihnen und Ihrem Körper passiert.

Was verändert sich? Automatisch ändert sich nun Ihre Körperreaktion. Auf diese Art und Weise können Sie recht einfach Ihr Wohlbefinden steuern.

Achten Sie in nächster Zeit sehr sensibel auf Ihre körperlichen Reaktionen. Wenn Sie etwas spüren, fragen Sie sich, welcher Gedanke diese Körperreaktion gerade ausgelöst hat. Haben Sie diesen Gedanken entdeckt, dann können Sie ihn überprüfen und sich vielleicht entscheiden, diesen Gedanken fallen zu lassen, und sich auf einen anderen Gedanken konzentrieren. Beobachten Sie dabei, wie sich Ihr Körper verändert.

„Unser Körper ist die Harfe unserer Seele."

(Khalil Gibran)

Zu guter Letzt...

Herzlichen Glückwunsch! Jetzt haben Sie 50 Tipps durchgearbeitet und sich intensiv und ausgiebig mit sich und Ihrem Umfeld beschäftigt. Hat sich in Ihrem Leben, in Ihrer Einstellung zu manchen Dingen und auch Menschen in Ihrem Umfeld etwas verändert? Ist manches einfacher oder auch klarer geworden?

Vielleicht hatten Sie beim Durcharbeiten das Gefühl, dass Sie diesen oder einen ähnlichen Punkt doch schon einmal ein paar Seiten zuvor bearbeitet hatten. Ja? Das ist kein Versehen von mir. Das habe ich ganz bewusst so eingebaut. Der Mensch lernt nur durch Wiederholungen. Neue Dinge müssen regelrecht verstoffwechselt und verdaut werden (diesen Ausdruck habe ich mal in einem Vortrag von Robert Betz im Zusammenhang mit neuen Gedankengängen gehört - hat mir direkt gefallen), damit wir sie begreifen, verstehen und dauerhaft umsetzen können. So tauchen manche Gedanken unter verschiedenen Gesichtspunkten und Perspektiven auf, damit wir uns immer wieder damit auseinandersetzen.

Wie können Sie das Buch auch in Zukunft nutzen? – Sehen Sie es auch weiterhin als Werkzeugkoffer, mit dem Sie rein intuitiv arbeiten können. Der Mensch wandelt sich, verändert sich täglich – und somit ändern sich auch bei Ihnen Sichtweisen und Erfahrungen.

Mein Tipp: Greifen Sie einfach nach eigenem Ermessen in diese „Tool-Box", schlagen Sie intuitiv eine beliebige Seite auf und lesen Sie sie noch einmal durch. Schauen Sie, welche Bemerkungen Sie sich damals, beim ersten Durcharbeiten gemacht haben. Wie sehen Sie diesen Punkt heute? Was hat sich verändert? Gerne können Sie sich auch mit einer anderen Farbe neue Gedanken notieren. So merken Sie sicher sehr schnell, dass dieses Buch nicht nur zum einmaligen Lesen gedacht ist, sondern Sie über Jahre, vielleicht sogar über Jahrzehnte begleiten kann.

Viel Freude dabei, Ihre Heike Holz

DANKE!

Danke

Ein Buch kann nur mit der Unterstützung von vielen Menschen entstehen.

Ein ganz besonderer Dank gilt hierbei René Sputh, der mit vielen inspirierenden Ideen und einem intensiven Austausch zum Gelingen beigetragen hat.

Ein ganz lieber Dank gilt meiner Tochter Natalie für ihr großes persönliches Engagement beim Korrekturlesen und Überarbeiten. Vielen Dank auch für die vielen Hinweise und Anregungen an meine Schwester Anja.

Wir werden geprägt durch unsere Umwelt und unser persönliches Umfeld. Nur durch den Gedankenaustausch und die zahlreichen wertvollen Gespräche und Diskussionen mit Freunden, Bekannten, Seminarteilnehmern, Lehrern und Vorbildern können diese Erkenntnisse entstehen, wie sie hier im Buch zusammengetragen sind. So sage ich Danke an all diejenigen, die mich in den letzten Jahren in meiner Entwicklung und auf meinem Weg begleitet haben.

Literaturverzeichnis

Asgedom, Sabine: Reden ist Gold, Düsseldorf 1997

Betz, Robert: Raus aus den alten Schuhen, München 2008

Betz, Robert: Willkommen im Reich der Fülle, Burgrain 2007

Birkenbihl, Vera: An Ihrem Lachen soll man Sie erkennen, Landsberg am Lech 2001

Birkenbihl, Vera: Jeden Tag weniger ärgern, München 2002

Carnegie, Dale: Sorge dich nicht – lebe, München 2001

Christiani, Alexander: Weck den Sieger in dir, Offenbach 2000

Dahlke, Rüdiger: Die Schicksalsgesetze, München 2009

Enkelmann, Nikolaus: Charisma, Landsberg am Lech 1999

Enkelmann, Nikolaus: Die Macht der Motivation, Landsberg am Lech 1999

Enkelmann, Nikolaus: Rhetorik Klassik, Offenbach 1999

Gigerenzer, Gerd: Bauchentscheidungen – Die Intelligenz des Unbewussten, München 2007

Goleman, Daniel: Dalai Lama - Die heilende Kraft der Gefühle, Bergisch- Gladbach 1997

Goleman, Daniel: EQ – Emotionale Intelligenz, München 1999

Katie, Byron: Lieben was ist, München 2002

Katie, Byron: Was wäre ich ohne mein Drama, München 2009

Kühne de Haan, Lelia: Ja, aber…, München 2004

Matschnig, Monika: Mehr Mut zum Ich, München 2009

Mohr, Bärbel & Manfred: Cosmic Ordering, Isen 2008

Mohr, Bärbel & Manfred: Das Wunder der Selbstliebe, München 2011

Schuller, Robert: Aufwärts zum Erfolg, Zürich 1984

Schulz von Thun, Friedemann: Miteinander reden 1, Hamburg 2001

Seiwert, Lothar: Das neue 1& 1 des Zeitmanagements, München 2007

Seiwert, Lothar: Wenn du es eilig hast, gehe langsam, Frankfurt 2000

Seligmann, Martin: Pessimisten küsst man nicht, München 2001

Spezzano, Chuck: Wenn es verletzt, ist es keine Liebe, München 2006

Sprenger, Reinhard: Das Prinzip der Selbstverantwortung, Frankfurt 2000

Tipping, Colin: Ich vergebe, Bielefeld 2004

Tracy, Brian: Eat that frog, Offenbach 2006

Watzlawick, Paul: Anleitung zum Unglücklichsein, München 2009

Wilde, Frank: Beweg deinen Arsch, Fichtenau 2007

UNSERE BESTSELLER

Erkenntnisse - Ideen - Rezepte

VOM KOPF INS HERZ

Erkenntnisse - Tipps - Ideen - Rezepte
und Gesetze des Erfolges

Wir kennen sie, die weisen und tiefgründigen Zitate großer Dichter und Philosophen, die Volksweisheiten. Bleibt oft nur die Frage: Wie umsetzen? Das Buch beschreibt und erklärt in lockerer, leichter und spannender Art deren tiefere Bedeutung.

MEHR...VOM KOPF INS HERZ

Erkenntnisse - Tipps - Ideen - Rezepte
und Gesetze des Erfolges

Weitere 116 Tipps, Ideen und Rezepte auf den Punkt gebracht, zum Entdecken der inneren und äußeren Reichtümer unseres Lebens

Alle Bücher haben einen Umfang von 176 Seiten und eine Größe von 15,2 x 21,5 cm

AUCH A
EBOOK

DEUTSCH
ISBN 978-3-941633-10-0

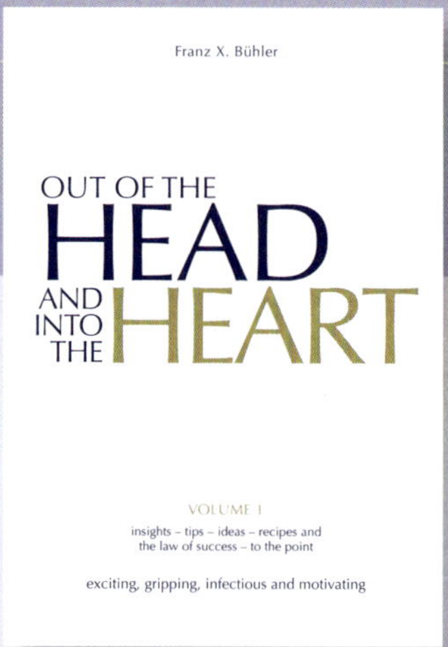

ENGLISCH
ISBN 978-3-941633-12-4

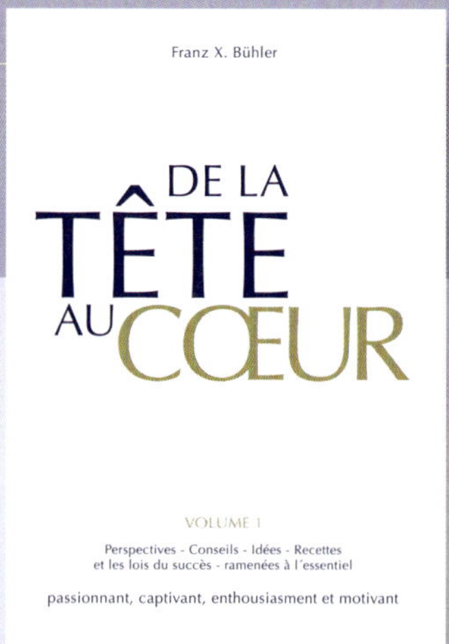

FRANZÖSISCH
ISBN 978-3-941633-20-9

AUCH ALS EBOOK

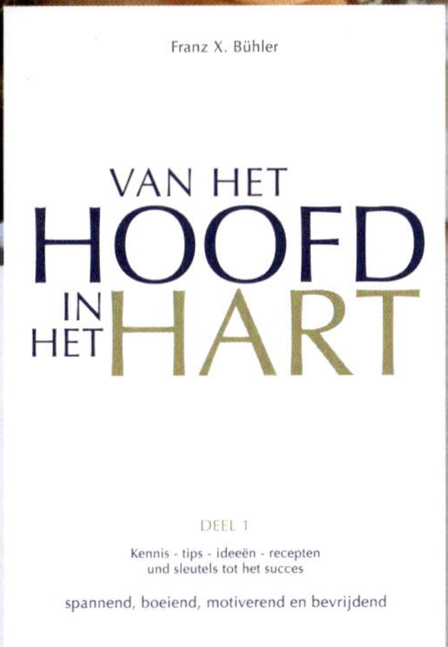

HOLLÄNDISCH
ISBN 978-3-941633-19-3

ITALIENISCH
ISBN 978-3-941633-13-1

DEUTSCH
ISBN 978-3-941633-11-7

ITALIENISCH
ISBN 978-3-941633-25-4

UNSERE MINIBÜCHER

Zitate, Weisheiten, Anregungen

TROST UND TRAUER
Zitate, Weisheiten, Anregungen

Trauer zu zeigen und dazu zu stehen, das ist wahre Stärke!

ISBN 978-3-941633-05-6

GRATULATION
Zitate, Weisheiten, Anregungen

Dass Du dieses Büchlein in Deinen Händen hältst, bedeutet: Jemand hat an Dich gedacht und gratuliert Dir herzlich.

ISBN 978-3-941633-02-5

ALL DAS WÜNSCH ICH DIR
Zitate, Weisheiten, Anregungen

Unsere Saat von gestern ist die Ernte von heute. Was wir heute säen, ernten wir morgen.

ISBN 978-3-941633-30-8

GESUNDHEIT
Zitate, Weisheiten, Anregungen

Die Gesundheit ist ein Geschenk. Hege und pflege sie behutsam und liebevoll.

ISBN 978-3-941633-04-9

ERFOLG
Zitate, Weisheiten, Anregungen

Je schwerer es uns fällt, umso glücklicher macht es, wenn man es geschafft hat.

ISBN 978-3-941633-07-0

EINFACH SO
Zitate, Weisheiten, Anregungen

Einfach so möchte ich Dir sagen: „Es ist schön, dass es Dich gibt."

ISBN 978-3-941633-03-2

HERZLICH WILLKOMMEN
Zitate, Weisheiten, Anregungen

Welch schöneres Kompliment kann es geben, als dich willkommen zu heißen in meinem Leben.

ISBN 978-3-941633-00-1

KOPF HOCH - DU SCHAFFST ES!
Zitate, Weisheiten, Anregungen

Auf jeden Fall schenkt dir dieses Büchlein jemand, dem es nicht egal ist, wie es dir geht... Glaub an dich! Du schaffst es!

ISBN 978-3-941633-36-0

GOLF IST MEHR...
Zitate, Weisheiten, Anregungen

„Golf und Sex sind wahrscheinlich die einzigen Dinge, die Spaß machen, selbst wenn man nicht wahnsinnig gut darin ist."

ISBN 978-3-941633-06-3

LIEBE
Zitate, Weisheiten, Anregungen

Ein Rezept für Frieden auf der Welt – Liebe deinen Nächsten wie dich selbst.

ISBN 978-3-941633-17-9

BEGEISTERUNG
Zitate, Weisheiten, Anregungen

Begeisterung ist eine der höchstbezahlten Eigenschaften der Welt.

ISBN 978-3-941633-09-4

LEBEN LIEBEN
Gedanken zur Lebensfreude

Ausruhen, neue Kraft tanken, die Gedanken frei schweifen lassen, die Seele baumeln lassen, alles ausschwingen und spüren, was Lust auf Leben macht - bringt Glück.

ISBN 978-3-941633-44-5

MINIS INTERNATIONAL

in bis zu 5 Sprachen erhältlich

GESCHENK-BÜCHLEIN

Sagen Sie Ihren Gästen „Danke“ für den Besuch in Ihrem Hause, sprechen Sie Ihren Kunden, Lieferanten und Mitarbeitern ein „Danke“ für die gute Zusammenarbeit aus. Es gibt unzählige Gelegenheiten, einfach „Danke“ zu sagen und sich positiv in Erinnerung zu rufen.

Das Büchlein „Glanzlichter“ ist eine Zusammenfassung der schönsten Gedanken aus dem Bestseller „Vom Kopf ins Herz“.

Die Bücher sind in bis zu fünf Sprachen erhältlich!

Alle Bücher haben einen Umfang von 48 Seiten und eine Größe von 11,5 x 11,5 cm

INSPIRATIONEN ZUR PERSONALISIERUNG

in Ihrem individuellen Design

Seite 175

DANKE

Zitate, Weisheiten, Anregungen

Danke - das Leben ist ein wertvoller Schatz in einer unendlichen Schatzkammer. Ein Schlüssel dazu ist die Dankbarkeit.

ISBN 978-3-941633-01-8

THANK YOU

Quotations, Wisdom, Stimuli

Thank you – Life is a valuable treasure in an endless treasure chamber. The key to which is thankfulness.

ISBN 978-3-941633-18-6

GRAZIE

Citazioni, Saggezze, Spunti

Grazie - la vita è un tesoro prezioso in una sala del tesoro immensa. Una chiave per entrarvi è la gratitudine.

ISBN 978-3-941633-23-0

MERCI

Citations, Sagesses, Idées

Merci - est un trésor précieux dans un coffret inépuisable. Sa clé, la gratitude.

ISBN 978-3-941633-37-7

Larimarhotel Stegersbach, www.larimarhotel.at

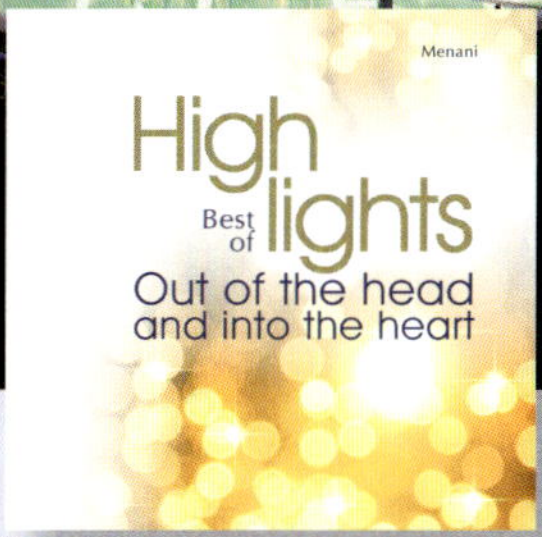

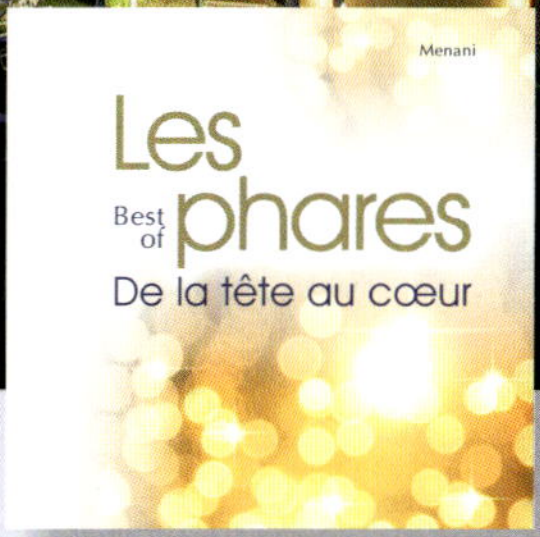

GLANZLICHTER
Das Beste aus Vom Kopf ins Herz

„Glanzlichter" ist ein Büchlein mit inspirierenden und motivierenden Gedanken. Es lässt die Augen jeden Lesers leuchten.

ISBN 978-3-941633-38-4

HIGHLIGHTS
Best of Out of the head and into the heart

„Highlights" is a booklet containing inspiring and motivating thoughts. It brings a gleam in the eyes of each reader.

ISBN 978-3-941633-39-1

LES PHARES
Best of De la tête au cœur

« Les phares » est un petit livre avec des pensées inspirantes et motivantes. Il flatte les yeux de chaque lecteur.

ISBN 978-3-941633-41-4

GIOIELLI
Best of Dalla mente al cuore

„Gioielli" è un libricino con pensieri d'ispirazione e di motivazione. Esso fa brillare gli occhi di ogni lettore.

ISBN 978-3-941633-40-7

SCHITTERLICHTEN
Het beste uit Van het hoofd in het hart

„Schitterlichten" is een boekje met inspirerende en motiverende gedachtes. Het laat de ogen van iedere lezer schitteren.

ISBN 978-3-941633-42-1

MEHR... GLANZLICHTER
Das Beste aus Mehr... Vom Kopf ins Herz

„Mehr... Glanzlichter" ist das Folgebüchlein von „Glanzlichter". Es beinhaltet noch mehr spannende und inspirierende Tipps für den Leser.

ISBN 978-3-941633-43-8

INGRID HUTFLÖTZ-ZIKELI

Als Buchhändlerin, in der Komparatistik, im Vertrieb verschiedener Branchen, als Autorin und als Coach und psychologischer Berater ging es mir immer um den Menschen, die Erforschung seiner Beweggründe, seiner vermeintlichen Irrgänge und seines Erfolgs. Erfolg eines jeden Menschen ist die Entfaltung seiner individuellen Anlagen und Fähigkeiten, um seiner ur-eigenen Lebensaufgabe gerecht zu werden. Einen Menschen dazu zu bewegen, sehe ich als meine Aufgabe!

NEU

WERDE ZUM MANAGER DES ERFOLGS

BRANDNEU:

Manager des Erfolgs

Lesen ist eine Reise. Wir machen uns auf den Weg, wir erkennen unser Ziel und entdecken dabei viel Reichtum, in uns und um uns herum. Sind wir am Ziel, fühlen wir uns erfüllt und inspiriert für ein erfolgreiches Leben.

Wir öffnen den Blick für unser Wohlbefinden, für Körper, Geist und Seele.

Wir erhöhen die Aufmerksamkeit und Wertschätzung für unser Zusammenleben, unseren Lebensraum, unser Arbeitsumfeld, für Natur und Kultur.

Nehmen wir uns die Zeit, die wir brauchen.

Erkennen wir das Wesentliche für uns alle!

Alle Bücher haben einen Umfang von 176 Seiten und eine Größe von 15,2 x 21,5 cm

MANAGER DES ERFOLGS

ISBN 978-3-941633-50-6

HEIKE HOLZ

Heike Holz ist Expertin für Persönlichkeit, körperlich-seelische Gesundheit und Lebenserfolg. Ihre Philosophie einer ganzheitlichen, gesunden Persönlichkeitsentwicklung steht im Zentrum der von Ihr entwickelten „KNIPS DEIN LICHT AN"-Methode.

AUCH ALS EBOOK

GLÜCKLICH SEIN VERLEIHT FLÜGEL

ISBN 978-3-941633-47-6

AUCH ALS EBOOK

KLEINE SCHRITTE, GROSSE VERÄNDERUNG

ISBN 978-3-941633-48-3

KNIPS DEIN LICHT AN

ISBN 978-3-941633-49-0

ANECKEN WAR GESTERN

Neuerscheinung 2019

WEITERE MINIBÜCHER

Gedanken zur Lebensfreude

AUF ZEIT

Reiseführer durchs Leben

Da sein und nah sein, nehmen und geben, froh sein und dankbar und mitten im Leben

ISBN 978-3-941633-35-3

WUNSCHPERLEN

Gedanken zur Lebensfreude

Diese vielen guten Wünsche sind für Dich und kommen von Herzen.

ISBN 978-3-941633-34-6

INSPIRATIONEN

Gedanken zur Lebensfreude

Es geht nicht alles gerade im Leben, aber dies verschafft uns manch anderen Blickwinkel.

ISBN 978-3-941633-32-2

IM HERZEN EIN MENSCH

Witzig, spritzig, hintergründig

„Denn wer sich nicht mehr hetzen lässt, der wirkt als Mensch auch endlich echt."

ISBN 978-3-941633-45-2

GLÜCKLICH

Gedanken zur Lebensfreude

Das Leben ist ein wertvoller Schatz in der unendlichen Schatzkammer. Ein Schlüssel dazu ist die Dankbarkeit.

ISBN 978-3-941633-33-9

GEDANKEN

zur Lebensfreude

Erst durch Nachdenken zeigt sich mancher Sinn, erschließt sich ein Weg – zeigt sich Gewinn.

ISBN 978-3-941633-31-5

MINIBÜCHER
in der edlen Geschenkbox

Größe: 144 x 144 x 23 mm
Klappkarte mit persönlichem Gruß
Frei wählbares Minibuch

MOTIVATION & LEBENSFREUDE

Überraschen Sie Ihre Gäste, Freunde und Partner mit diesem Präsent.

Unsere Buchgeschenke sind persönliche Werbeträger mit Langzeitwirkung, werden immer wieder gerne zur Hand genommen, erinnern immer wieder an den Schenkenden und sind für jeden Geschmack, jede Altersgruppe, jede Gelegenheit das Richtige.

IHR PERSÖNLICHES BUCH MIT HAUSEIGENER PRÄSENTATION

Verschenken Sie Ihr persönliches kleines Büchlein mit Ihrer eigenen Unternehmens-Präsentation auf den ersten vier Seiten. Gerne lassen wir Ihre Gestaltungswünsche professionell umsetzen - für einen perfekten, bleibenden Eindruck. Fragen Sie bei uns an!

ANGEBOTE ZUR PERSÖNLICHKEITSENTWICKLUNG

Erfolgreich. Individuell. Begeisternd. Nachhaltig.
Gehen Sie motiviert und glücklich durch ein selbstbestimmtes Leben? Sind persönliche Entwicklung un Wachstum allgegenwärtig? Lassen Sie sich begeistern und inspirieren von unseren Vorträgen und Seminaren ir Bereich der ganzheitlichen Persönlichkeitsentwicklung. So unterschiedlich, wie auch wir Menschen, ist unser Ansat: Gehen Sie auf Entdeckungsreise! Neue Wege des Erfolges - wir begleiten Sie dabei und helfen Ihnen die gena richtige Methode zu finden.

GANZHEITLICHE PERSÖNLICHKEITSENTWICKLUNG

„Knips dein Licht an“
Selbstbewusstsein und -bestimmung
Leistungsstärke für den vollkommenen Tag
Resilienz - Ihre innere Widerstandsstrategie

...Wachstum ist kein Zufall!

PERFEKTE SOFT SKILLS

Körpersprache- und Kommunikationstraining
Führungsstärke gewinnen
„Endlich verstehst du mich“
Organisiere dich professionell

...Perfektioniere deine Fährigkeiten!

MENTALE STÄRKE

„Gewonnen wird im Kopf“
Motivationstraining
Zukunfts-Ziele-Werkstatt
Fokusierung auf deinen Weg

...Entdecke deine Möglichkeiten!

AKTIVES GESUNDHEITSMANAGEMENT

Sportliche Herausforderungen
Detox- und Fastenwochen
Entspannung und Auszeit
„Zurück zu dir selbst“

...Fit und ausgeglichen durchs Leben!

Mehr erfahren Sie unter: www.menani.de/akademie
Menani GmbH Eichbergstaße 13 D-86935 Rott Tel +49 8869 91183 - 0 akademie@menani.de

Heike Holz

GLÜCKLICH SEIN VERLEIHT FLÜGEL

BEGINNEN SIE JETZT DAMIT GLÜCKLICH ZU SEIN!

IDEEN- & ARBEITSHEFT

menani

1 Schluss mit Vergleichen, Seite 14

2 Raus aus dem Schubladendenken, Seite 17

3 Seien Sie gespannt, Seite 20

4 Immer - Alle - Keiner - Nie, Seite 23

Schlüpfen Sie in eine andere Rolle, Seite 26 5

Gefangen in Glaubenssätzen, Seite 28 6

Heissen Sie Ihre Ängste willkommen! Seite 31 7

Finden Sie Ihre innere Mitte, Seite 34 8

9 Stillstand heisst Rückschritt, Seite 36

10 Das ist ja interessant..., Seite 38

11 Lachen Sie sich fit und gesund! Seite 41

12 Was tut mir gut? Seite 45

Wer ist für Ihr Glück verantwortlich? Seite 49 13

Wer ist „man“? Seite 52 14

In einem gesunden Körper wohnt ein gesunder Geist, Seite 54 15

Haken Sie´s ab, Seite 56 16

17 Wie wahr ist *Ihre* Wahrheit? Seite 58

18 Was will ich denn eigentlich? Seite 60

19 Ja-sagen zu Veränderungen, Seite 63

20 Leben im Jetzt! Seite 66

Mensch, ärgere dich nicht, Seite 69
21

Lass deine Sorgen los, Seite 73
22

Herausforderungen als Trainingschance, Seite 76
23

Wie meinst du das? Seite 78
24

25 Erkennen Sie Verbal-Müll, Seite 80

26 Die Achterbahn des Lebens, Seite 82

27 Positive Sprache, Seite 85

28 Schluss mit Gedankenschleifen, Seite 88

Balsam für die Seele, Seite 90 29

Vom Fühlen zum Handeln, Seite 92 30

Mit vier Ohren hören, Seite 95 31

Hören Sie *richtig* zu!? Seite 99 32

33 Neue Wege beschreiten, Seite 103

34 Entspannen und Loslassen, Seite 107

35 Klopfen Sie sich mal selbst auf die Schulter, Seite 110

36 Achte auf deine Gedanken, Seite 112

Positive Vergangenheit, Seite 114 37

Werden Sie Gestalter Ihres Lebens, Seite 116 38

Werden Sie ein Möglichkeitenseher, Seite 119 39

Die guten alten Gewohnheiten verabschieden, Seite 123 40

41 Mut tut gut! Seite 127

42 Ich meine zu wissen, was du denkst. Seite 131

43 Sinn und Unsinn guter Vorsätze, Seite 135

44 Rezept gegen die Aufschieberitis, Seite 138

Leben Sie Ihre Gefühle, Seite 141 45

Eintweder - oder... oder beides? Seite 144 46

Dinge einfach mal anders tun, Seite 147 47

Frisch verliebt, Seite 151 48

49 Ausdruck erzeugt Eindruck, Seite 155

50 Und was sagt mein Bauch dazu? Seite 158

Eigene Ideen, Notizen, etc.

GLÜCKLICH SEIN VERLEIHT FLÜGEL

IDEEN- & ARBEITSHEFT

Mit jedem der 50 wertvollen Profi-Tipps aus dem Buch „Glücklich sein verleiht Flügel“ haben Sie die Gelegenheit, Ihre Gewohnheiten und Denkmuster zu überprüfen und Ihre eigenen Gedanken, Ideen und persönlichen Aufgabenstellungen zu notieren.

Nutzen Sie dieses Ideen- & Arbeitsheft, um aktiv an Ihren ganz persönlichen Fähigkeiten zu arbeiten und Ihre Ziele zu erreichen.